RUBÉN DARÍO
RIMAS
AZUL
PROSAS PROFANAS

astria

RIMAS/AZUL/PROSAS PROFANAS
RUBÉN DARÍO

©Astria Ediciones
Diseño de portada: Andrea Rodríguez
Arte de portada: Josué Flores Hernández

Supervisión Editorial: Óscar Flores López
Administración: Tesla Rodas y Jessica Cordero
Director Ejecutivo: José Azcona Bocock

Primera edición
Tegucigalpa, Honduras—Octubre de 2024

PRIMER LIBRO: RIMAS

RIMAS I

En el libro lujoso se advierten
las rimas triunfales:
bizantinos mozaicos, pulidos
y raros esmaltes,
fino estuche de artísticas joyas,
ideas brillantes;
los vocablos unidos a modo
de ricos collares;
las ideas formando en el ritmo
sus bellos engarces,
y los versos como hilos de oro
do irisadas tiemblan
perlas orientales.
¡Y mirad! En las mil filigranas
hallaréis alfileres punzantes;
y, en la pedrería,
trémulas facetas de
color de sangre.

RIMAS II

Amada, la noche llega;
las ramas que se columpian
hablan de las hojas secas
y de las flores difuntas.
Abre tus labios de ninfa,
dime en tu lengua de musa:
¿recuerdas la dulce historia de
las pasadas aventuras?
¡Yo la recuerdo! La niña
de la cabellera bruna
está en la cita temblando
llena de amor y de angustia.
Los efluvios otoñales

van en el aura nocturna,
que hace estremecerse el nido
en que una tórtola arrulla.
Entre las ansias ardientes
y las caricias profundas,
ha sentido el galán celos
que el corazón le torturan.
Ella llora, él la maldice,
pero las bocas se juntan…
En tanto los aires vuelan
y los aromas ondulan;
se inclinan las ramas trémulas
y parece que murmuran
algo de las hojas secas
y de las flores difuntas.

RIMAS III

En la pálida tarde se hundía,
el sol en su ocaso,
con la faz rubicunda en un nimbo
de polvo dorado.
En las aguas del mar, una barca,
bogando, bogando;
al país de los sueños volaban
amada y amado.
A la luz del poniente, en las olas,
Quebrada en mil rayos,
parecían de oro bruñido
los remos mojados.
Y en la barca graciosa y ligera,
bogando, bogando,
al país de los sueños volaban
amada y amado.
¿Qué fue de ellos? No sé. Yo
recuerdo

que después del crepúsculo pálido,
aquel cielo se puso sombrío
y el mar agitado.

RIMAS IV

Allá en la playa quedó la niña.
¡Arriba el ancla! ¡Se va el vapor!
El marinero canta entre dientes.
Se hunde en el agua trémula el sol.
¡Adiós! ¡Adiós!

Sola, llorando, sobre las olas,
mira que vuela la embarcación.
Aún me hace señas con el pañuelo
Desde la piedra donde quedó.
¡Adiós! ¡Adiós!

Vistió de negro la niña hermosa.
¡Las despedidas tan tristes son!
Llevaba suelta la cabellera
y en las pupilas llanto y amor.
¡Adiós! ¡Adiós!

RIMAS V

Una noche
tuve un sueño.
Luna opaca,
cielo negro,
yo en un triste
cementerio
con la sombra
y el silencio.
En sudarios
medio envueltos,

descarnados
esqueletos.
Muy afables
y contentos,
mi visita
recibieron.
Indagaron
los sucesos
que pasaban
ese tiempo:
las maniobras
del ejército,
los discursos
del Congreso,
de la Bolsa
los manejos,
y reían
de todo eso.
Con sorpresa
supe de ellos
que gustaban
de los versos
que en mis dudas
y en mis celos
a mi amada
siempre ofrezco.
¡Que sabían,
me dijeron,
ya en la historia
de los besos!...
Y se hacían
muchos gestos
y ademanes
picarescos.
Y reían
con extremos

entre el ruido
de sus huesos.
En seguida
Refirieron
que se siente
mucho hielo
en las noches
del invierno,
en las fosas
de los muertos.
Despedíme.
¡Muy correctos
los saludos
que me hicieron!
Salí al campo.
Miré luego:
luna opaca,
cielo negro.
Muy ufano,
dice el médico
que la causa
de estos sueños
se halla toda
por mis nervios,
y en el fondo
del cerebro.

RIMAS VI

Hay un verde laurel. En sus ramas
un enjambre de pájaros duerme
en mudo reposo,
sin que el beso del sol los despierte.
Hay un verde laurel. En sus ramas
que el terral melancólico mueve,
se advierte una lira,

sin que nadie esa lira descuelgue.
¡Quién pudiera, al influjo sagrado
de un soplo celeste,
despertar en el árbol florido
las rimas que duermen!
¡Y flotando en la luz el espíritu,
mientras arde en la sangre la fiebre,
como "un himno gigante y extraño"
arrancar a la lira de Bécquer!

RIMAS VII

Llegué a la pobre cabaña
en días de primavera.
La niña triste cantaba,
la abuela hilaba en la rueca.
—¡Buena anciana, buena anciana,
bien haya la niña bella,
a quien desde hoy amar juro
con mis ansias de poeta!—
La abuela miró a la niña.
La niña sonrió a la abuela.
Fuera, volaban gorriones
sobre las rosas abiertas.
Llegué a la pobre cabaña
cuando el gris otoño empieza.
Oí un ruido de sollozos
y sola estaba la abuela.
—¡Buena anciana, buena anciana!—
Me mira y no me contesta.
Yo sentí frío en el alma
cuando vi sus manos trémulas,
su arrugada y blanca cofia,
sus fúnebres tocas negras.
Fuera, las brisas errantes
llevaban las hojas secas.

RIMAS VIII

Yo quisiera cincelarte
una rima
delicada y primorosa
como una aúrea margarita,
o cubierta de irisada
pedrería,
o como un joyel de Oriente,
o una copa florentina.
Yo quisiera poder darte
una rima
como el collar de Zobeida,
el de perlas ormuzinas,
que huelen como las rosas
y que brillan
como el rocío en los pétalos
de la flor recién nacida.
Yo quisiera poder darte
una rima
que llevara la amargura
de las hondas penas mías
entre el oro del engarce
de las frases cristalinas.
Yo quisiera poder darte
una rima
que no produjera en ti la
indiferencia o la risa,
sino que la contemplaras
en su pálida alegría,
que, después de leerla…,
te quedaras pensativa.

RIMAS IX

Tenía una cifra
tu blanco pañuelo,
roja cifra de un nombre que no era
el tuyo, mi dueño.
La fina batista
crujía en tus dedos,
—¡Qué bien luce en la albura la sangre!…
— te dije riendo.
Te pusiste pálida.
Me tuviste miedo…
¿Qué miraste? ¿Conoces acaso
la risa de Otelo?

RIMAS X

En tus ojos un misterio;
en tus labios, un enigma,
y yo, fijo en tus miradas
y extasiado en tus sonrisas.

RIMAS XI

Voy a confiarte, amada,
uno de los secretos
que más me martirizan. Es el caso
que a las veces mi ceño
tiene en un punto mismo
de cólera y esplín los fruncimientos.
O callo como un mudo,
o charlo como un necio,
suplicando el discurso
de burlas, carcajadas y dicterios.
¿Qué me miran? Agravio.
¿Me han hablado? Zahiero.

Medio loco de atar, medio sonámbulo,
con mi poco de cuerdo.
¡Cómo bailan en ronda y remolino,
por las cuatro paredes del cerebro
repicando a compás sus consonantes,
mil endiablados versos
que imitan, en sus cláusulas y ritmos,
las músicas macabras de los muertos!
¡Y cómo se atropellan,
para saltar a un tiempo,
las estrofas sombrías,
de vocablos sangrientos,
que me suele enseñar la musa pálida,
la triste musa de los días negros!
Yo soy así. ¡Qué se hace! ¡Boberías
de soñador neurótico y enfermo!
¿Quieres saber acaso la causa del misterio?
Una estatua de carne
me envenenó la vida con sus besos.
Y tenía tus labios, lindos, rojos
y tenía tus ojos, grandes, bellos…

RIMAS XII

¿Que no hay alma? ¡Insensatos!
Yo la he visto: es de luz…
(Se asoma a tus pupilas
cuando me miras tú.)
¿Que no hay cielo? ¡Mentira!
¿Queréis verle? Aquí está.
(Muestra, niña gentil,
ese rostro sin par,
y que de oro lo bañe
el sol primaveral.)
¿Que no hay Dios? ¡Qué blasfemia!
Yo he contemplado a Dios…

(En aquel casto y puro
primer beso de amor,
cuando de nuestras almas
las nupcias consagró.)
¿Que no hay infierno? Sí, hay…
(Cállate, corazón,
que esto bien por desgracia,
lo sabemos tú y yo.)

RIMAS XIII

—Allá está la cumbre.
—¿Qué miras? —Un astro.
—¿Me amas? —¡Te adoro!
—¿Subimos? —¡Subamos!
—¿Qué ves? —Una aurora
fugitiva y pálida.
—¿Qué sientes? —Anhelo.
—Ésa es la esperanza.
—¡Qué alientos de vida!
¡Qué fuegos de sol!
¡Qué luz tan radiante!
—¡Ése es el amor!
—¿Qué ves a tus plantas?
—Un profundo abismo.
—¿Tiemblas? —Tengo miedo…
—¡Ése es el olvido!
Pero no tiembles ni temas:
bajo el sacro cielo azul,
para el que ama, no hay abismos,
porque tiene alas de luz.

RIMAS XIV

El ave azul del sueño
sobre mi frente pasa;
tengo en mi corazón la primavera
y en mi cerebro el alba.
Amo la luz, el pico de la tórtola,
la rosa y la campánula,
el labio de la virgen
y el cuello de la garza.
¡Oh, Dios mío, Dios mío!…
Sé que me ama…
Cae sobre mi espíritu
la noche negra y trágica;
busco el seno profundo de tus sombras
para verter mis lágrimas.
Sé que en el cráneo puede haber
tormentas,
abismos en el alma
y arrugas misteriosas
sobre las frentes pálidas.
¡Oh, Dios mío, Dios mío!…
Sé que me engaña.

SEGUNDO LIBRO: AZUL

Al Sr. D. Federico Varela

Gerón, rey de Siracusa, inmortalizado en sonoros versos griegos, tenía un huerto privilegiado por favor de los dioses, huerto de tierra ubérrima que fecundaba el gran sol. En él permitía a muchos cultivadores que llegasen a sembrar sus granos y sus plantas.

Había laureles y gloriosos, cedros fragrantes, rosas encen— didas, trigo de oro, sin faltar yerbas pobres que arrostraban la paciencia de Gerón.

No sé qué sembraría Teócrito, pero creo que fue un cítiso y un rosal.

Señor, permitid que junto a una de las encinas de vuestro huerto, extienda mi enredadera de campánulas.

R.D.

EL REY BURGUÉS

(Cuento alegre)

¡Amigo! El cielo está opaco, el aire frío, el día triste. Un cuento alegre... así como para distraer las brumosas y grises melancolías, helo aquí:

Había en una ciudad inmensa y brillante un rey muy poderoso, que tenía trajes caprichosos y ricos, esclavas desnudas, blancas y negras, caballos de largas crines, armas flamantísimas, galgos rápidos y monteros con cuernos de bronce, que llenaban el viento con sus fanfarrias. ¿Era un rey poeta? No, amigo mío: era el Rey Burgués.

Era muy aficionado a las artes el soberano, y favorecía con largueza a sus músicos, a sus hacedores de ditirambos, pintores, escultores, boticarios, barberos y maestros de esgrima. Cuando iba a la floresta, junto al corzo o jabalí herido y sangriento, hacía improvisar a sus profesores de retórica canciones alusivas; los criados llenaban las copas del vino de oro que hierve, y las mujeres batían palmas con movimientos rítmicos y gallardos.

Era un rey sol, en su Babilonia llena de músicas, de carcajadas y de ruido de festín. Cuando se hastiaba de la ciudad bullente, iba de caza atronando el bosque con sus tropeles; y hacía salir de sus nidos a las aves asustadas, y el vocerío repercutía en lo más escondido de las cavernas. Los perros de patas elásticas iban rompiendo la maleza en la carrera, y los cazadores inclinados sobre el pescuezo de los caballos, hacían ondear los mantos purpúreos y llevaban las caras encendidas y las cabelleras al viento.

El rey tenía un palacio soberbio donde había acumulado riquezas y objetos de arte maravillosos. Llegaba a él por entre grupos de lidas y extensos estanques, siendo saludado por los cisnes de cuello blanco, antes que por los lacayos estirados. Buen gusto. Subía por una escalera llena de columnas de alabastro y de esmaragdina, que tenía a los lados leones de mármol, como los de los tronos salomónicos. Refinamiento.

A más de los cisnes, tenía una vasta pajarera, como amante de la armonía, del arrullo, del trino; y cerca de ella iba a ensanchar su espíritu, leyendo novelas de M. Ohnet, o bellos libros sobre cuestiones gramaticales, o críticas hermosillescas. Eso sí: defensor acérrimo de la corrección académica en letras, y del modo lamido en artes; alma sublime amante de la lija y de la ortografía.

¡Japonerías! ¡Chinerías! por lujo y nada más. Bien podía darse el placer de un salón digno del gusto de un Goncourt y de los millones de un Creso: quimeras de bronce con las fauces abiertas y las colas enroscadas, en grupos fantásticos y maravillosos; lacas de Kioto con incrustaciones de hojas y ramas de una flora monstruosa, y animales de una fauna desconocida; mariposas de raros abanicos junto a las paredes; peces y gallos de colores; máscaras de gestos infernales y con ojos como si fuesen vivos, partesanas de hojas antiquísimas y empuñaduras con dragones devorando flores de loto; y en conchas de huevo, túnicas de seda amarilla, como tejidas con hilos de araña, sembradas de garzas rojas y de verdes matas de arroz; y tibores, porcelanas de muchos siglos, de aquellas en que hay guerreros tártaros con una piel que les cubre hasta los riñones, y que llevan arcos estirados y manojos de flechas. Por lo demás, había un salón griego, lleno de mármoles: diosas, musas, ninfas y sátiros; el salón de los tiempos galantes, con cuadros del gran Watteau y de Chardin; dos, tres, cuatro, ¿cuántos salones?

Y Mecenas se paseaba por todos, con la cara inundada de cierta majestad, el vientre feliz y la corona en la cabeza, como un rey de naipe.

—Un día le llevaron una rara especie de hombre ante su trono, donde se hallaba rodeado de cortesanos, de retóricos y de maestros de equitación y de baile.

—¿Qué es eso? —preguntó.

—Señor, es un poeta.

El rey tenía cisnes en el estanque, canarios, gorriones, senzontes en la pajarera: un poeta era algo nuevo y extraño.

—Dejadle aquí.

Y el poeta:

—Señor, no he comido.

Y el rey:

—Habla y comerás.

Comenzó:

—Señor, ha tiempo que yo canto el verbo del porvenir. He tendido mis alas al huracán, he nacido en el tiempo de la aurora: busco la raza escogida que debe inspirar con el himno en la boca y la lira en la mano, la salida del gran sol. He abandonado la inspiración de la ciudad malsana, la alcoba llena de perfume, la musa de carne que llena el alma de pequeñez y el rostro de polvos de arroz. He roto el arpa adulona de las cuerdas débiles, contra las copas de Bohemia y las jarras donde espuma el vino que embriaga sin dar fortaleza; he arrojado el manto que me hacía parecer histrión, o mujer, y he vestido de modo salvaje y espléndido: mi harapo es de púrpura. He ido a la selva, donde he quedado vigoroso y ahíto de leche fecunda y licor de nueva vida; y en la ribera del mar áspero, sacudiendo la cabeza bajo la fuerte y negra tempestad, como un ángel soberbio, o como un semidiós olímpico, he ensayado el yambo dando al olvido el madrigal.

He acariciado a la gran naturaleza, y he buscado, al calor del ideal, el verso que está en el astro en el fondo del cielo, y el que está en la perla en lo profundo del océano. ¡He querido ser pujante! Porque viene el tiempo de las grandes revoluciones, con un Mesías que es todo luz, todo agitación y potencia, y es preciso recibir su espíritu con el poema que sea arco triunfal, de estrofas de acero, de estrofas de oro, de estrofas de amor.

¡Señor, el arte no está en los fríos envoltorios de mármol, ni en los cuadros lamidos, ni en el excelente señor Ohnet! ¡Señor!, el arte no viste pantalones, ni habla en burgués, ni pone puntos en todas la íes. Él es augusto, tiene mantos de oro, o de llamas, o anda desnudo, y amasa la greda con fiebre, y pinta con luz, y es opulento, y da golpes de ala como las águilas, o zarpazos como los leones. Señor, entre un Apolo y un ganso, preferid el Apolo, aunque el uno sea de tierra cocida y el otro de marfil.

¡Oh, la Poesía!

¡Y bien! Los ritmos se prostituyen, se cantan los lunares de las mujeres, y se fabrican jarabes poéticos. Además, señor, el zapatero critica mis endecasílabos, y el señor profesor de farmacia pone puntos y comas a mi inspiración. Señor, ¡y vos lo autorizáis todo esto!... El ideal, el ideal...

El rey interrumpió:

—Ya habéis oído. ¿Qué hacer?

Y un filósofo al uso:

—Si lo permitís, señor, puede ganarse la comida con una caja de música; podemos colocarle en el jardín, cerca de los cisnes, para cuando os paseéis.

—Sí —dijo el rey, y dirigiéndose al poeta: —Daréis vueltas a un manubrio. Cerraréis la boca. Haréis sonar una caja de música que toca valses, cuadrillas y galopas como no prefiráis moriros de hambre. Pieza de música por pedazo de pan. Nada de jerigonzas ni de ideales. Id.

Y desde aquel día pudo verse a la orilla del estanque de los cisnes, al poeta hambriento que daba vueltas al manubrio: tiririrín, tiririrín... ¡Avergonzado a las miradas del gran sol! ¿Pasaba el rey por las cercanías? ¡Tiririrín, tiririrín...! ¿Había que rellenar el estómago? ¡Tiririrín! Todo entre la burla de los pájaros libres que llegaban a beber rocío en las lilas floridas; entre el zumbido de las abejas, que le picaban el rostro y le llenaban los ojos de lágrimas... ¡Lágrimas que caían a la tierra negra!

Y llegó el invierno, y el pobre sintió frío en el cuerpo y en el alma. Y su cerebro estaba como petrificado, y los grandes himnos estaban en el olvido, y el poeta de la montaña coronada de águilas, no era sino un pobre diablo que daba vueltas al manubrio: ¡tiririrín!

Y cuando cayó la nieve se olvidaron de él, el rey y sus vasallos; a los pájaros se les abrigó, y a él se le dejó al aire glacial que le mordía las carnes y le azotaba el rostro.

Y una noche en que caía de lo alto la lluvia blanca de plumillas cristalizadas, en el palacio había festín, y la luz de las arañas reía alegre sobre los mármoles, sobre el oro y sobre las túnicas de los mandarines de las viejas porcelanas. Y se aplaudían hasta la locura los brindis del señor profesor de retórica, cuajados de dáctilos, de anapestos y de pirriquios, mientras en las copas cristalizadas hervía el champaña con su burbujeo luminoso y fugaz. ¡Noche de invierno, noche de fiesta! Y el infeliz cubierto de nieve, cerca del estanque, daba vueltas al manubrio para calentarse tembloroso y aterido, insultado por el cierzo, bajo la blancura implacable y helada, en la noche sombría, haciendo resonar entre los árboles sin hojas la música loca de las galopas y cuadrillas; y se quedó muerto..., pensando en que nacería el sol del día venidero, y con él el ideal... y en que el arte no vestiría pantalones sino manto de llamas, o de oro... Hasta que al día siguiente lo hallaron el rey y sus cortesanos, como gorrión que mata el hielo, con una sonrisa amarga en los labios, y todavía con la mano en el manubrio.

¡Oh, mi amigo!, el cielo está opaco, el aire frío, el día triste. Flotan brumosas y grises melancolías... Pero ¡cuánto calienta el alma una frase, un apretón de manos a tiempo! ¡Hasta la vista!

EL SÁTIRO SORDO

(Cuento griego)

Habitaba cerca del Olimpo un sátiro, y era el viejo rey de la selva. Los dioses le habían dicho: "goza, el bosque es tuyo; sé un feliz bribón, persigue ninfas y suena tu flauta". El sátiro se divertía.

Un día que el padre Apolo estaba tañendo la divina lira, el sátiro salió de sus dominios y fue osado a subir el sacro monte y a sorprender al dios crinado. Éste le castigó tornándole sordo como una roca. En balde en las espesuras de la selva llena de pájaros, se derramaban los trinos y emergían los arrullos. El sátiro no oía nada. Filomena llegaba a cantarle sobre su cabeza enmarañada y coronada de pámpanos, canciones que hacían detenerse los arroyos y enrojecerse las rosas pálidas. Él permanecía impasible, o lanzaba sus carcajadas salvajes y saltaba lascivo y alegre cuando percibía por el ramaje lleno de brechas, alguna cadera blanca y rotunda que acariciaba el sol con su luz rubia. Todos los animales le rodeaban como a un amo a quien se obedece.

A su vista, para distraerle, danzaban coros de bacantes encendidas en su fiebre loca, y acompañaban la harmonía, cerca de él, faunos adolescentes, como hermosos efebos, que le acariciaban con su sonrisa; y aunque no escuchaba ninguna voz, ni el ruido de los crótalos, gozaba de distintas maneras. Así pasaba la vida este rey, que tenía patas de cabro.

Era sátiro caprichoso.

Tenía dos consejeros áulicos: una alondra y un asno. La primera perdió su prestigio cuando el sátiro se volvió sordo. Antes, si cansado de su lascivia soplaba su flauta dulcemente, la alondra le acompañaba.

Después en su gran bosque, donde no oía ni la voz del olímpico trueno, el paciente animal de las largas orejas le servía para cabalgar, en tanto que la alondra, en los apogeos del alba, se le iba de las manos, cantando camino de los cielos.

La selva era enorme. De ella tocaba a la alondra la cumbre, al asno el pasto. La alondra era saludada por los primeros rayos de la aurora; bebía rocío en los retoños; despertaba al roble diciéndole: "Viejo roble, despiértate". Se deleitaba con un beso del sol: era amada por el lucero de la mañana. Y el hondo azul, tan grande, sabía que ella, tan chica, existía bajo su inmensidad. El asno (aunque entonces no había conversado con Kant) era experto en filosofía, según el decir común.

El sátiro que le veía ramonear en la pastura, moviendo las orejas con aire grave, tenía alta idea de tal pensador. En aquellos días el asno no tenía como hoy tan larga fama. Moviendo sus mandíbulas, no se habría imaginado que escribiesen en su loa Daniel Heinsius en latín, Passerat, Buffón y el gran Hugo, en francés, Posada y mi amigo el doctor Valderrama en español.

Él, pacienzudo, si le picaban las moscas, las espantaba con el rabo, daba coces de cuando en cuando y lanzaba bajo la bóveda del bosque el acorde extraño de su garganta. Y era mimado allí. Al dormir su siesta sobre la tierra negra y amable, le daban su olor las yerbas y las flores. Y los grandes árboles inclinaban sus follajes para hacerle sombra.

Por aquellos días, Orfeo, poeta, espantado de las miserias de los hombres, pensó huir a los bosques, donde los troncos y las piedras le comprenderían y escucharían con éxtasis, y donde él pondría temblor de harmonía y fuego de amor y de vida al sonar de su instrumento.

Cuando Orfeo tañía su lira había sonrisa en el rostro apolíneo. Démeter sentía gozo. Las palmeras derramaban su polen, las semillas reventaban, los leones movían blandamente su crin. Una vez voló un clavel de su tallo hecho mariposa roja, y una estrella descendió fascinada y se tornó flor de lis.

¿Qué selva mejor que la del sátiro, a quien él encantaría, donde sería tenido como un semidiós; selva toda alegría y danza, belleza y lujuria; donde ninfas y bacantes eran siempre acariciadas y siempre vírgenes; donde había uvas y rosas y ruidos de sistros, y donde el rey caprípede bailaba delante de los faunos beodos y haciendo gestos como Sileno?

Fue con su corona de laurel, su lira, su frente de poeta orgulloso, erguida y radiante.

Llegó hasta donde estaba el sátiro velludo y montaraz, y para pedirle hospitalidad, cantó. Cantó del gran Jove, de Eros, de Afrodita, de los centauros gallardos y de las bacantes ardientes: cantó la copa de Dionisio, y el tirso que hiere el aire alegre, y a Pan, Emperador de las montañas, Soberano de los bosques, dios–sátiro que también sabía cantar. Cantó de las intimidades del aire y de la tierra, gran madre. Así explicó la melodía de un arpa eolia, el susurro de una arboleda, el ruido de un tronco de caracol y las notas armónicas que brotan de un siringa. Cantó del verso, que baja del cielo y place a los dioses, del que acompaña el bárbitos en la oda y el tímpano en el peán, y el buche del pájaro y la gloria del sol.

Y desde el principio del cántico brilló la luz con más fulgores. Los enormes troncos se conmovieron, y hubo rosas que se deshojaron y lirios que se inclinaron lánguidamente como en un dulce desmayo. Porque Orfeo hacía gemir a los leones y llorar a los guijarros con la música de su lira rítmica. Las bacantes más furiosas habían callado y le oían como en un sueño. Una náyade virgen a quien nunca ni una sola mirada del sátiro había profanado, se acercó tímida al cantor y le dijo temblando en voz baja: "Yo te amo". Filomela había volado a posarse en la lira como paloma anacreóntica. No había más eco que la voz de Orfeo. Naturaleza sentía el himno. Venus, que pasaba por las cercanías, preguntó de lejos con su divina voz: "¿Está aquí acaso Apolo?".

Y en toda aquella inmensidad de maravillosa armonía, el único que no oía nada era el sátiro sordo.

Cuando el poeta concluyó, dijo a éste: —¿Os place mi canto? Si es así, me quedaré con vos en la selva.

El sátiro dirigió una mirada a sus dos consejeros. Era preciso que ellos resolviesen lo que no podía comprender él. Aquella mirada pedía una opinión.

—Señor —dijo la alondra, esforzándose en producir la voz más fuerte de su buche, quédese quien así ha cantado con nosotros. He aquí que su lira es bella y potente. Te ha ofrecido la grandeza y la luz rara que hoy has visto en tu selva. Te ha dado su harmonía. Señor, yo sé de estas cosas. Cuando viene el alba desnuda y se despierta el mundo, yo me remonto a los profundos cielos y vierto desde la altura las perlas invisibles de mis trinos, y entre las claridades matutinas mi melodía inunda el aire, y es el regocijo del espacio. Pues yo te digo que Orfeo ha cantado bien, y es un elegido de los dioses. Su música embriagó el bosque entero. Las águilas se han acercado a revolar sobre nuestras cabezas, los arbustos floridos han agitado suavemente sus incensarios misteriosos, las abejas han dejado sus celdillas para venir a escuchar. En cuanto a mí, ¡oh señor!, si yo estuviese en lugar tuyo le daría mi guirnalda de pámpanos y mi tirso. Existen dos potencias, la real y la ideal. Lo que Hércules haría con sus muñecas, Orfeo lo hace con su inspiración. El dios robusto despedazaría de un puñetazo al mismo Athos. Orfeo les amansaría con la eficacia de su voz triunfante, a Nemea su león y a Enmanto su jabalí. De los hombres unos han nacido para forjar los metales, otros para arrancar del suelo fértil las espigas del trigal, otros para combatir en las sangrientas guerras, y otros para enseñar, glorificar y cantar. Si soy tu copero y te doy vino, goza tu paladar; si te ofrezco un himno, goza tu alma.

Mientras cantaba la alondra, Orfeo le acompañaba con su instrumento, y un vasto y dominante soplo lírico se escapaba del bosque verde y fragrante. El sátiro sordo comenzaba a impacientarse.

¿Quién era aquel extraño visitante?

¿Por qué ante él había cesado la danza loca y voluptuosa?

¿Qué decían sus dos consejeros?

¡Ah!, la alondra había cantado, ¡pero el sátiro no oía! Por fin, dirigió su vista al asno.

¿Faltaba su opinión? Pues bien, ante la selva enorme y sonora, bajo el azul sagrado, el asno movió la cabeza de un lado a otro, grave, terco, silencioso, como el sabio que medita.

Entonces, con su pie hendido, hirió el sátiro el suelo, arrugó su frente con enojo, y sin darse cuenta de nada, exclamó, señalando a Orfeo la salida de la selva:

—¡No!...

Al vecino Olimpo llegó el eco y resonó allá, donde los dioses estaban de broma, un coro de carcajadas formidables que después se llamaron homéricas.

Orfeo salió triste de la selva del sátiro sordo y casi dispuesto a ahorcarse del primer laurel que hallase en su camino.

No se ahorcó, pero se casó con Eurídice.

LA NINFA
(Cuento parisiense)

En el castillo que últimamente acababa de adquirir Lesbia, esa actriz caprichosa y endiablada que tanto ha dado que decir al mundo por sus extravagancias, nos hallábamos a la mesa hasta seis amigos. Presidía nuestra Aspasia, quien a la sazón se entretenía en chupar como niña golosa, un terrón de azúcar húmeda, blanco entre las yemas sonrosadas. Era la hora del chartreuse. Se veía en los cristales de la mesa como una disolución de piedras preciosas, y la luz de los candelabros se descomponía en las copas medio vacías, donde quedaba algo de la púrpura del borgoña, del oro hirviente del champaña, de las líquidas esmeraldas de la menta.

Se hablaba con el entusiasmo de artistas de buena pasta, tras una buena comida. Éramos todos artistas, quien más, quien menos, y aún había un sabio obeso que ostentaba en la albura de una pechera inmaculada, el gran nudo de una corbata monstruosa.

Alguien dijo: —¡Ah, sí, Fremiet! —Y de Fremiet se pasó a sus animales, a su cincel maestro, a dos perros de bronce que, cerca de nosotros, uno buscaba la pista de la pieza, y otro, como mirando al cazador, alzaba el pescuezo y arbolaba la delgadez de su cola tiesa y erecta. ¿Quién habló de Mirón? El sabio, que recitó en griego el epigrama de Anacreonte: "Pastor, lleva a pastar más lejos tu boyada, no sea que creyendo que respira la vaca de Mirón, la quieras llevar contigo".

Lesbia acabó de chupar su azúcar, y con una carcajada argentina:

—¡Bah! Para mí los sátiros. Yo quisiera dar vida a mis bronces, y si esto fuera posible, mi amante sería uno de esos velludos semidioses. Os advierto que más que a los sátiros adoro a los centauros; y que me dejaría robar por uno de esos monstruos robustos, sólo por oír las quejas del engañado, que tocaría su flauta lleno de tristeza.
El sabio interrumpió:

—¡Bien! Los sátiros y los faunos, los hipocentauros y las sirenas, han existido, como las salamandras y el ave Fénix.

Todos reímos, pero entre el coro de carcajadas, se oía irresistible, encantadora, la de Lesbia, cuyo rostro encendido, de mujer hermosa, estaba como resplandeciente de placer.

—Sí —continuó el sabio —, ¿con qué derecho negamos los modernos hechos que afirman los antiguos? El perro gigantesco que vio Alejandro, alto como un hombre, es tan real como la araña Kraken, que vive en el fondo de los mares. San Antonio Abad, de edad de noventa años, fue en busca del viejo ermitaño Pablo, que vivía en una cueva. Lesbia, no te rías. Iba el santo por el yermo, apoyado en su báculo, sin saber dónde encontrar a quien buscaba. A mucho andar, ¿sabéis quién le dio señas del camino que debía seguir? Un centauro, medio hombre y medio caballo —dice un autor —hablaba como enojado; huyó tan violentamente, que presto le perdió de vista el santo; así iba galopando el monstruo, cabellos al aire y vientre a tierra.

En ese mismo viaje, San Antonio vio un sátiro "hombrecillo de extraña figura, estaba junto a un arroyuelo, tenía las narices corvas, frente áspera y arrugada, y la última parte de su contrahecho cuerpo remataba con pies de cabra".

—Ni más ni menos —dijo Lesbia—, ¡M. de Cocureau, futuro miembro del Instituto!

Siguió el sabio:

—Afirma San Jerónimo que en tiempo de Constantino Magno se condujo a Alejandro un sátiro vivo, siendo conservado su cuerpo cuando murió.

Además, viole el emperador en Antioquía.

Lesbia había vuelto a llenar su copa de menta, y humedecía la lengua en el licor verde como lo haría un animal felino. –Dice Alberto Magno, que en su tiempo cogieron a dos sátiros en los montes de Sajonia. Enrico Zormano asegura que en tierras de Tartana había hombres con un solo pie, y un solo brazo en el pecho. Vincencio vio en su época un monstruo que trajeron al rey de Francia; tenía cabeza de perro; (Lesbia reía) los muslos, brazos y manos tan sin vello como los nuestros (Lesbia se agitaba como una chicuela a quien hiciesen cosquillas); comía carne cocida y bebía vino con todas ganas.

—¡Colombine! —gritó Lesbia.

Y llegó Colombine, una falderilla que parecía un copo de algodón. Tomóla su ama, y entre las explosiones de risa de todos:

— ¡Toma, el monstruo que tenía tu cara!

Y le dio un beso en la boca, mientras el animal se estremecía e inflamaba las naricitas como lleno de voluptuosidad.

—Y Filegón Traliano —concluyó el sabio elegantemente— afirma la existencia de dos clases de hipocentauros: una de ellas como elefantes. Además...

—Basta de sabiduría —dijo Lesbia.

Y acabó de beber menta. Yo estaba feliz. No había despegado mis labios.

—¡Oh! —exclamé— ¡para mí las ninfas! Yo desearía contemplar esas desnudeces de los bosques y de las fuentes, aunque como Acteón, fuese despedazado por los perros. Pero las ninfas no existen.

Concluyó aquel concierto alegre, con una gran fuga de risas, y de personas.

—¡Y qué! —me dijo Lesbia, quemándome con sus ojos de faunesa y con voz callada como para que sólo yo la oyera–,
¡las ninfas existen, tú las verás!

Era un día primaveral. Yo vagaba por el parque del castillo, con el aire de un soñador empedernido. Los gorriones chillaban sobre las lilas nuevas, y atacaban a los escarabajos que se defendían de los picotazos con sus corazas de esmeralda, con sus petos de oro y acero. En las rosas el carmín, el bermellón, la onda penetrante de perfumes dulces; más allá las violetas, en grandes grupos, con su color apacible y su olor a virgen. Después los altos árboles, los ramajes tupidos llenos de mil abejeos, las estatuas en la penumbra, los discóbolos de bronce, los gladiadores musculosos en sus soberbias posturas gímnicas, las glorietas perfumadas cubiertas de enredaderas, los pórticos, bellas imitaciones jónicas, cariátides todas blancas y lascivas, y vigorosos telamones del orden atlántico, con anchas espaldas y muslos gigantescos. Vagaba por el laberinto de tales encantos cuando oí un ruido, allá en lo oscuro de la arboleda, en el estanque donde hay cisnes blancos como cincelados en alabastro, y otros que tienen la mitad del cuello del color del ébano, como una pierna alba con media negra.

Llegué más cerca. ¿Soñaba? ¡Oh, Numa! Yo sentí lo que tú, cuando viste en su gruta por primera vez a Egeria.

Estaba en el centro del estanque, entre la inquietud de los cisnes espantados, una ninfa, una verdadera ninfa, que hundía su carne de rosa en el agua cristalina. La cadera a flor de espuma parecía a veces como dorada por la luz opaca que alcanzaba a llegar por la brecha de las hojas. ¡Ah!, yo vi lirios, rosas, nieve, oro; vi un ideal con vida y forma, y oí entre el burbujeo sonoro de la linfa herida, como una brisa burlesca y armoniosa, que me encendía la sangre.

De pronto huyó la visión, surgió la ninfa del estanque, semejante a Citerea en su onda, y recogiendo sus cabellos que goteaban brillantes, corrió por los rosales, tras las lilas y violetas, más allá de los tupidos arbolares, hasta ocultarse a mi vista, hasta perderse, ¡ay!, por un recodo; y quedé yo, poeta lírico, fauno burlado, viendo a las grandes aves alabastrinas como mofándose de mí, tendiéndome sus largos cuellos en cuyo extremo brillaba bruñida el ágata de sus picos.

Después, almorzábamos juntos aquellos amigos de la noche pasada; entre todos, triunfante, con su pechera y su gran corbata oscura, el sabio obeso, futuro miembro del Instituto.

Y de repente, mientras todos charlaban de la última obra de Fremiet en el salón, exclamó Lesbia con su alegre voz parisiense:

—¡Té!, como dice Tartarín: ¡el poeta ha visto ninfas!...

La contemplaron todos asombrados, y ella me miraba, me miraba como una gata, y se reía, como una chiquilla a quien se le hiciesen cosquillas.

EL FARDO

Allá lejos, en la línea como trazada con un lápiz azul, que separa las aguas y los cielos, se iba hundiendo el sol, con sus polvos de oro y sus torbellinos de chispas purpuradas, como un gran disco de hierro candente. Ya el muelle fiscal iba quedando en quietud; los guardas pasaban de un punto a otro, las gorras metidas hasta las cejas, dando aquí y allá sus vistazos. Inmóvil el enorme brazo de los pescantes, los jornaleros se encaminaban a las casas. El agua murmuraba debajo del muelle, y el húmedo viento salado que sopla de mar afuera a la hora en que la noche sube, mantenía las lanchas cercanas en un continuo cabeceo.

Todos los lancheros se habían ido ya; solamente el viejo tío Lucas, que por la mañana se estropeara un pie al subir una barrica a un carretón, y que, aunque cojín cojeando, había trabajado todo el día, estaba sentado en una piedra, y, con la pipa en la boca, veía triste el mar.

—Eh, tío Lucas, ¿se descansa?

—Sí, pues, patroncito.

Y empezó la charla, esa charla agradable y suelta que me place entablar con los bravos hombres toscos que viven la vida del trabajo fortificante, la que da la buena salud y la fuerza del músculo, y se nutre con el grano del poroto y la sangre hirviente de la viña.

Yo veía con cariño a aquel rudo viejo, y le oía con interés sus relaciones, así, todas cortadas, todas como de hombre basto, pero de pecho ingenuo. ¡Ah, conque fue militar! ¡Conque de mozo fue soldado de Bulnes!. ¡Conque todavía tuvo resistencias para ir con su rifle hasta Miraflores! Y es casado, y tuvo un hijo, y...

Y aquí el tío Lucas:

—Si, patrón, ¡hace dos años que se me murió!

Aquellos ojos, chicos y relumbrantes bajo las cejas grises y peludas, se humedecieron entonces.

—¿Que cómo se me murió? En el oficio, por darnos de comer a todos; a mi mujer, a los chiquitos y a mí, patrón, que entonces me hallaba enfermo.

Y todo me lo refirió, al comenzar aquella noche, mientras las olas se cubrían de brumas y la ciudad encendía sus luces; él, en la piedra que le servía de asiento, después de apagar su negra pipa y de colocársela en la oreja, y de estirar y cruzar sus piernas flacas y musculosas, cubiertas por los sucios pantalones arremangados hasta el tobillo.

El muchacho era muy honrado y muy de trabajo. Se quiso ponerlo a la escuela desde grandecito; ¡pero los miserables no pueden aprender a leer cuando se llora de hambre en el cuartucho!

El tío Lucas era casado, tenía muchos hijos.

Su mujer llevaba la maldición del vientre de las pobres: la fecundidad. Había, pues, mucha boca abierta que pe— día pan, mucho chico sucio que se revolcaba en la basura, mucho cuerpo magro que temblaba de frío; era preciso ir a llevar qué comer, a buscar harapos, y para eso, quedar sin alientos y trabajar como un buey.

Cuando el hijo creció ayudó al padre. Un vecino, el herrero, quiso enseñarle su industria, pero como entonces era tan débil, casi una armazón de huesos, y en el fuelle tenía que echar el bofe, se puso enfermo y volvió al conventillo. ¡Ah, estuvo muy enfermo! Pero no murió. ¡No murió! Y eso que vivían en uno de esos hacinamientos humanos, entre cuatro paredes destartaladas, viejas, feas, en la callejuela inmunda de las mujeres perdidas, hedionda a todas horas, alumbrada de noche por escasos faroles, y donde resuenan en perpetua llamada a las zambras de echacorvería, las arpas y los acordeones, y el ruido de los marineros que llegan al burdel, desesperados con la castidad de las largas travesías, a emborracharse como cubas y a gritar y patalear como condenados. ¡Sí!, entre la podredumbre, al estrépito de las fiestas tunantescas, el chico vivió, y pronto estuvo sano y en pie.

Luego, llegaron después sus quince años.

El tío Lucas había logrado, tras mil privaciones, comprar una canoa. Se hizo pescador.

Al venir el alba, iba con su mocetón al agua, llevando los enseres de la pesca. El uno remaba, el otro ponía en los anzuelos la carnada. Volvían a la costa con buena esperanza de vender lo hallado, entre la brisa fría y las opacidades de la neblina, cantando en baja voz alguna "triste" y enhiesto el remo triunfante que chorreaba espuma.

Si había buena venta, otra salida por la tarde.

Una de invierno había temporal. Padre e hijo, en la pequeña embarcación, sufrían en el mar la locura de la ola y el viento. Difícil era llegar a tierra. Pesca y todo se fue al agua, y se pensó en librar el pellejo. Luchaban como desesperados por ganar la playa. Cerca de ella estaban; pero una racha maldita les empujó contra una roca, y la canoa se hizo astillas. Ellos salieron sólo magullados, ¡gracias a Dios!, como decía el tío Lucas al narrarlo. Después ya son ambos lancheros.

¡Sí!, lancheros; sobre las grandes embarcaciones chatas y negras; colgándose de la cadena que rechina pendiente como una sierpe de hierro del macizo pescante que semeja una horca; remando a pie y a compás; yendo con la lancha del muelle al vapor y del vapor al muelle; gritando: ¡hiiooeep! cuando se empujan los pesados bultos para engancharlos en la uña potente que los levanta balanceándolos como un péndulo, ¡sí!, lancheros; el viejo y el muchacho, el padre y el hijo; ambos a horcajadas sobre un cajón, ambos forcejeando, ambos ganando su jornal, para ellos y para sus queridas sanguijuelas del conventillo.

Íbanse todos los días al trabajo, vestidos de viejo, fajadas las cinturas con sendas bandas coloradas, y haciendo sonar a una sus zapatos groseros y pesados que se quitaban al comenzar la tarea, tirándolos en un rincón de la lancha. Empezaba el trajín, el cargar y descargar. El padre era cuidadoso:

—¡Muchacho, que te rompes la cabeza! ¡Que te coge la mano el chicote! ¡Que vas a perder una canilla!

Y enseñaba, adiestraba, dirigía al hijo, con su modo, con sus bruscas palabras de roto viejo y de padre encariñado.

Hasta que un día el tío Lucas no pudo moverse de la cama, porque el reumatismo le hinchaba las coyunturas y le taladraba los huesos.

¡Oh! Y había que comprar medicinas y alimentos; eso sí.

—Hijo, al trabajo, a buscar plata; hoy es sábado.

Y se fue el hijo, solo, casi corriendo, sin desayunarse, a la faena diaria.

Era un bello día de luz clara, de sol de oro. En el muelle rodaban los carros sobre sus rieles, crujían las poleas, chocaban las cadenas. Era la gran confusión del trabajo que da vértigo, el son del hierro; traqueteos por doquiera, y el viento pasando por el bosque de árboles y jarcias de los navíos en grupo. Debajo de uno de los pescantes del muelle estaba el hijo del tío Lucas con otros lancheros, descargando a toda prisa. Había que vaciar la lancha repleta de fardos. De tiempo en tiempo bajaba la larga cadena que remata en un garfio, y entonces éstos subían a la manera de un pez en un anzuelo, o del plomo de una sonda, ya quietos, ya agitándose de un lado para otro, como un badajo, en el vacío.

La carga estaba amontonada. La ola movía pausadamente de cuando en cuando la embarcación colmada de fardos. Éstos formaban una a modo de pirámide en el centro. Había uno muy pesado, muy pesado. Era el más grande de todos, ancho, gordo y oloroso a brea. Venía en el fondo de la lancha. Un hombre de pie sobre él, era una pequeña figura para el grueso zócalo.

Era algo como todos los prosaísmos de la importación, envueltos en lona y fijados con correas de hierro. Sobre sus costados, en medio de líneas y triángulos, había letras que miraban como ojos.

—Letras en "diamante" —decía el tío Lucas. Sus cintas de hierro estaban apretadas con clavos cabezudos y ásperos; y en las entrañas tendría el monstruo, cuando menos, linones y percales.

Sólo él faltaba.

—¡Se va el bruto! –dijo uno de los lancheros.

¡El barrigón! —agregó otro.

Y el hijo del tío Lucas, que estaba ansioso de acabar pronto, se alistaba para ir a cobrar y desayunarse, anudándose un pañuelo de cuadros al pescuezo.

Bajó la cadena danzando en el aire. Se amarró un gran lazo al fardo, se probó si estaba bien seguro, y se gritó: ¡Iza! mientras la cadena tiraba de la masa chirriando y levantándola en vilo.

Los lancheros, de pie, miraban subir el enorme peso, y se preparaban para ir a tierra, cuando se vio una cosa horrible. El fardo, el grueso fardo, se zafó del lazo, como de un collar holgado saca un perro la cabeza; y cayó sobre el hijo del tío Lucas, que entre el filo de la lancha y el gran bulto, quedó con los riñones rotos, el espinazo desencajado y echando sangre negra por la boca.

Aquel día no hubo pan ni medicinas en casa del tío Lucas, sino el muchacho destrozado al que se abrazaba llorando el reumático, entre la gritería de la mujer y de los chicos, cuando llevaban el cadáver al cementerio.

Me despedí del viejo lanchero, y a pasos elásticos dejé el muelle, tomando el camino de la casa, y haciendo filosofía con toda la cachaza de un poeta, en tanto que una brisa glacial que venía de mar afuera pellizcaba tenazmente las narices y las orejas.

EL VELO DE LA REINA MAB

La reina Mab, en su carro hecho de una sola perla, tirado por cuatro coleópteros de petos dorados y alas de pedrería, caminando sobre un rayo de sol, se coló por la ventana de una buhardilla donde estaban cuatro hombres flacos, barbudos e impertinentes lamentándose como unos desdichados.

Por aquel tiempo, las hadas habían repartido sus dones a los mortales. A unos habían dado las varitas misteriosas que llenan de oro las pesadas cajas del comercio; a otros unas espigas maravillosas que al desgranarlas colmaban las trojes de riqueza; a otros unos cristales que hacían ver en el riñón de la madre tierra, oro y piedras preciosas; a quienes cabelleras espesas y músculos de Goliat, y mazas enormes para machacar el hierro encendido; y a quienes talones fuertes y lemas ágiles para montar en las rápidas caballerías que se beben el viento y que tienden las crines en la carrera.

Los cuatro hombres se quejaban. Al uno le había tocado en suerte una cantera, al otro el iris, al otro el ritmo, al otro el cielo azul.

La reina Mab oyó sus palabras. Decía el primero:

—¡Y bien! ¡Heme aquí en la gran lucha de mis sueños de mármol! Yo he arrancado el bloque y tengo el cincel. Todos tenéis, unos el oro, otros la armonía, otros la luz; yo pienso en la blanca y divina Venus que muestra su desnudez bajo el plafón color de cielo. Yo quiero dar a la masa la línea y la hermosura plástica; y que circule por las venas de la estatua una sangre incolora como la de los dioses. Yo tengo el espíritu de Grecia en el cerebro, y amo los desnudos en que la ninfa huye y el fauno tiende los brazos. ¡Oh, Fidias! Tú eres para mí soberbio y augusto como un semidiós, en el recinto de la eterna belleza, rey ante un ejército de hermosuras que a tus ojos arrojan el magnífico chitón, mostrando la esplendidez de la forma, en sus cuerpos de rosa y nieve.

Tú golpeas, hieres y domas el mármol, y suena el golpe armónico como un verso, y te adula la cigarra, amante del sol, oculta entre los pámpanos de la viña virgen. Para ti son los Apolos rubios y luminosos, las Minervas severas y soberanas. Tú, como un mago, conviertes la roca en simulacro y el colmillo del elefante en copa del festín. Y al ver tu grandeza siento el martirio de mi pequeñez. Porque pasaron los tiempos gloriosos. Porque tiemblo ante las miradas de hoy. Porque contemplo el ideal inmenso y las fuerzas exhaustas. Porque a medida que cincelo el bloque me ataraza el desaliento.

Y decía el otro:

—Lo que es hoy romperé mis pinceles. ¿Para qué quiero el iris y esta gran paleta del campo florido, si a la postre mi cuadro no será admitido en el salón? ¿Qué abordaré? He recorrido todas las escuelas, todas las inspiraciones artísticas. He pintado el torso de Diana y el rostro de la Madona. He pedido a las campiñas sus colores, sus matices; he adulado a la luz como a una amada, y la he abrazado como a una querida. He sido adorador del desnudo, con sus magnificencias, con los tonos de sus carnaciones y con sus fugaces medias tintas. He trazado en mis lienzos los nimbos de los santos y las alas de los querubines. ¡Ah, pero siempre el terrible desencanto! ¡El porvenir! ¡Vender una Cleopatra en dos pesetas para poder almorzar! ¡Y yo, que podría, en el estremecimiento de mi inspiración, trazar el gran cuadro que tengo aquí dentro...!

¡Y decía el otro:

—Perdida mi alma en la gran ilusión de mis sinfonías, temo todas las decepciones. Yo escucho todas las armonías, desde la lira de Terpandro hasta las fantasías orquestales de Wagner. Mis ideales, brillan en medio de mis audacias de inspirado. Yo tengo la percepción del filósofo que oyó la música de los astros. Todos los ruidos pueden aprisionarse, todos los ecos son susceptibles de combinaciones. Todo cabe en la línea de mis escalas cromáticas.

La luz vibrante es himno, y la melodía de la selva halla un eco en mi corazón. Desde el ruido de la tempestad hasta el canto del pájaro, todo se confunde y enlaza en la infinita cadencia. Entre tanto, no diviso sino la muchedumbre que befa y la celda del manicomio.

Y el último:

—Todos bebemos del agua clara de la fuente de Jonia. Pero el ideal flota en el azul; y para que los espíritus gocen de la luz suprema, es preciso que asciendan. Yo tengo el verso que es de miel y el que es de oro, y el que es de hierro candente. Yo soy el ánfora del celeste perfume: tengo el amor. Paloma, estrella, nido, lirio, vosotros conocéis mi morada. Para los vuelos inconmensurables tengo alas de águila que parten a golpes mágicos el huracán. Y para hallar consonantes, los busco en dos bocas que se juntan; y estalla el beso, y escribo la estrofa, y entonces, si veis mi alma, conoceréis a mi Musa. Amo las epopeyas porque de ellas brota el soplo heroico que agita las banderas que ondean sobre las lanzas y los penachos que tiemblan sobre los cascos; los cantos líricos, porque hablan de las diosas y de los amores; y las églogas, Porque son olorosas a verbena y a tomillo, y al sano aliento del buey coronado de rosas. Yo escribiría algo inmortal; ms me abruma un porvenir de miseria y de hambre...

Entonces la reina Mab, del fondo de su carro hecho de una sola perla, tomó un velo azul, casi impalpable, hecho de suspiros, o de miradas de ángeles rubios y pensativos. Y aquel velo era el velo de los sueños, de los dulces sueños que hacen ver la vida de color rosa. Y con él envolvió a los cuatro hombres flacos, barbudos e impertinentes. Los cuales cesaron de estar tristes, porque penetró en su pecho la esperanza, y en su cabeza el sol alegre, con el diablillo de la vanidad, que consuela en sus profundas decepciones a los pobres artistas.

Y desde entonces, en las buhardillas de los brillantes infelices, donde flota el sueño azul, se piensa en el porvenir como en la aurora, y se oyen risas que quitan la tristeza, y se bailan extrañas farandolas alrededor de un blanco Apolo, de un lindo paisaje, de un violín viejo, de un amarillento manuscrito.

LA CANCIÓN DEL ORO

Aquel día, un harapiento, por las trazas un mendigo, tal vez un peregrino, quizás un poeta, llegó, bajo la sombra de los altos álamos, a la gran calle de los palacios, donde hay desafíos de soberbia entre el ónix y el pórfido, el ágata y el mármol; en donde las altas columnas, los hermosos frisos, las cúpulas doradas, reciben la caricia pálida del sol moribundo.

Había tras los vidrios de las ventanas, en los vastos edificios de la riqueza, rostros de mujeres gallardas y de niños encantadores. Tras las rejas se adivinaban extensos jardines, grandes verdores salpicados de rosas y ramas que se balanceaban acompasada y blandamente como bajo la ley de un ritmo. Y allá en los grandes salones, debía de estar el tapiz purpurado y lleno de oro, la blanca estatua, el bronce chino, el tibor cubierto de campos azules y arrozales tupidos, la gran cortina recogida como una falda, ornada de flores opulentas, donde el ocre oriental hace vibrar la luz en la seda que resplandece. Luego las lunas venecianas, los palisandros y los cedros, los nácares y los ébanos, y el piano negro y abierto, que ríe mostrando sus teclas como una linda dentadura; y las arañas cristalinas, donde alzan las velas profusas la aristocracia de su blanca cera. ¡Oh, y más allá! Más allá el cuadro valioso dorado por el tiempo, el retrato que firma Durand o Bonnat, y las preciosas acuarelas en que el tono rosado parece que emerge de un cielo puro y envuelve en una onda dulce desde el lejano horizonte hasta la yerba trémula y humilde. Y más allá...

(Muere la tarde. Llega a las puertas del palacio un break flamante y charolado, Baja una pareja y entra con tal soberbia en la mansión, que el mendigo piensa: decididamente, el aguilucho y su hembra van al nido. El tronco, ruidoso y azogado, a un golpe de fusta arrastra el carruaje haciendo relampaguear las piedras. Noche).

Entonces, en aquel cerebro de loco, que ocultaba un sombrero raído, brotó como el germen de una idea que pasó al pecho, y fue opresión, y llegó a la boca hecho himno que le encendía la lengua y hacía entrechocar los dientes. Fue la visión de todos los mendigos, de todos los desamparados, de todos los miserables, de todos los suicidas, de todos los borrachos, del harapo y de la llaga, de todos los que viven, ¡Dios mío!, en perpetua sombra, cayendo al abismo, por no tener un mendrugo para llenar el estómago. Y después la turba feliz, el lecho blando, la trufa y el aéreo vino que hierve, el raso y el moiré que con su roce ríen; el novio rubio y la novia morena cubierta de pedrería blonda; y el gran reloj que la suerte tiene para medir la vida de los felices opulentos, que en vez de granos de arena, deja caer escudos de oro.

Aquella especie de poeta sonrió; pero su faz tenía aire dantesco. Sacó de su bolsillo un pan moreno, comió, y dio al viento su himno. Nada más cruel que aquel canto tras el mordisco.

¡Cantemos el oro!

Cantemos el oro, rey del mundo, que lleva dicha y luz por donde va, como los fragmentos de un sol despedazado.

Cantemos el oro, que nace del vientre fecundo de la madre tierra; inmenso tesoro, leche rubia de esa ubre gigantesca.

Cantemos el oro, río caudaloso, fuente de la vida, que hace jóvenes y bellos a los que se bañan en sus corrientes maravillosas, y envejece a aquellos que no gozan de sus raudales.

Cantemos el oro, porque de él se hacen las tiaras de los pontífices, las coronas de los reyes y los cetros imperiales; y porque se derrama por los mantos como un fuego sólido, e inunda las capas de los arzobispos, y refulge en los altares y sostiene al Dios eterno en las custodias radiantes.

Cantemos el oro, porque podemos ser unos perdidos, y él nos pone mamparas para cubrir las locuras abyectas de la taberna y las vergüenzas de las alcobas adúlteras.

Cantemos el oro, porque al saltar del cuño lleva en su disco el perfil soberbio de los césares; y va a repletar las cajas de sus vastos templos, los bancos, y mueve las máquinas, y da la vida, y hace engordar los tocinos de los privilegiados.

Cantemos el oro, porque él da los palacios y los carruajes, los vestidos a la moda, y los frescos senos de las mujeres garridas; y las genuflexiones de espinazos aduladores y las muecas de los labios eternamente sonrientes.

Cantemos el oro, padre del pan.

Cantemos el oro, porque es, en las orejas de las lindas damas, sostenedor del rocío del diamante, al extremo de tan sonrosado y bello caracol; porque en los pechos siente el latido de los corazones, y en las manos a veces es símbolo de amor y de santa promesa.

Cantemos el oro, porque tapa las bocas que nos insultan; detiene las manos que nos amenazan, y pone vendas a los pillos que nos sirven.

Cantemos el oro, porque su voz es música encantada; porque es heroico y luce en las corazas de los héroes homéricos, y en las sandalias de las diosas y en los coturnos trágicos y en las manzanas del jardín de las Hespérides.

Cantemos el oro, porque de él son las cuerdas de las grandes liras, la cabellera de las más tiernas amadas, los granos de la espiga y el peplo que al levantarse viste la olímpica aurora.

Cantemos el oro, premio y gloria del trabajador y pasto del bandido.

Cantemos el oro, que cruza por el carnaval del mundo, disfrazado de papel, de plata, de cobre y hasta de plomo.

Cantemos el oro, amarillo como la muerte.

Cantemos el oro, calificado de vil por los hambrientos; hermano del carbón, oro negro que incuba el diamante; rey de la mina, donde el hombre lucha y la roca se desgarra; poderoso en el poniente, donde se tiñe de sangre; carne de ídolo, tela de que Fidias hace el traje de Minerva.

Cantemos el oro, en el arnés del caballo, en el carro de guerra, en el puño de la espada, en el lauro que ciñe cabezas luminosas, en la copa del festín dionisíaco, en el alfiler que hiere el seno de la esclava, en el rayo del astro y en el champaña que burbujea como una disolución de topacios hirvientes.

Cantemos el oro, porque nos hace gentiles, educados y pulcros. Cantemos el oro, purificado por el fuego, como el hombre por el sufrimiento; mordido por la lima, como el hombre por la envidia; golpeado por el martillo, como el hombre por la necesidad; realzado por el estuche de seda, como el hombre por el palacio de mármol.

Cantemos el oro, esclavo, despreciado por Gerónimo, arrojado por Antonio, vilipendiado por Macario, humillado por Hilarión, maldecido por Pablo el Ermitaño, quien tenía por alcázar una cueva bronca y por amigos las estrellas de la noche, los pájaros del alba y las fieras hirsutas y salvajes del yermo.

Cantemos el oro, dios becerro, tuétano de roca, misterioso y callado en su entraña, y bullicioso cuando brota a pleno sol y a toda vida, sonante como un coro de tímpanos; feto de astros, residuo de luz, encarnación de éter.

Cantemos el oro, hecho sol, enamorado de la noche, cuya camisa de crespón riega de estrellas brillantes, después del último beso, como una gran muchedumbre de libras esterlinas.

¡Eh, miserables, beodos, pobres de solemnidad, prostitutas, mendigos, vagos, rateros, bandidos, pordioseros, peregrinos, y vosotros los desterrados, y vosotros los holgazanes, y sobre todo, vosotros, oh poetas!

¡Unámonos a los felices, a los poderosos, a los banqueros, a los semidioses de la tierra!

Cantemos el oro.

Y el eco se llevó aquel himno, mezcla de gemido, ditirambo y carcajada; y como ya la noche oscura y fría había entrado, el eco resonaba en las tinieblas.

Pasó una vieja y pidió limosna.

Y aquella especie de harapiento, por las trazas un mendigo, tal vez un peregrino, quizás un poeta, le dio su último mendrugo de pan petrificado, y se marchó por la terrible sombra, rezongando entre dientes.

EL RUBÍ

—¡Ah! ¡Conque es cierto! ¡Conque ese sabio parisiense ha logrado sacar del fondo de sus retortas, de sus matracas, la púrpura cristalina de que están incrustados los muros de mi palacio!

Y al decir esto el pequeño gnomo iba y venía, de un lugar a otro, a cortos saltos, por la honda cueva que le servía de morada; y hacía temblar su larga barba y el cascabel de su gorro azul y puntiagudo.

En efecto, un amigo del centenario Chevreul —cuasi Althotas—, el químico Fremy, acababa de descubrir la manera de hacer rubíes y zafiros.

Agitado, conmovido, el gnomo —que era sabidor y de genio harto vivaz— seguía monologando.

—¡Ah, sabios de la Edad Media! ¡Ah, Alberto el Grande, Averroes, Raimundo Lulio! Vosotros no pudisteis ver brillar el gran sol de la piedra filosofal, y he aquí que sin estudiar las fórmulas aristotélicas, sin saber cábala y nigromancia, llega un hombre del siglo decimonono a formar a la luz del día lo que nosotros fabricamos en nuestros subterráneos! ¡Pues el conjuro!, fusión por veinte días de una mezcla de sílice y de aluminato de plomo; coloración con bicromato de potasa o con óxido de cobalto. Palabras en verdad que parecen lengua diabólica.

Risa.

Luego se detuvo.

El cuerpo del delito estaba allí, en el centro de la gruta, sobre una gran roca de oro; un pequeño rubí, redondo, un tanto reluciente, como un grano de granada al sol.

El gnomo tocó un cuerno, el que llevaba a su cintura, y el eco resonó por las vastas concavidades. Al rato, un bullicio, un tropel, una algazara. Todos los gnomos habían llegado.

Era la cueva ancha, y había en ella una claridad extraña y blanca. Era la claridad de los carbúnculos que en el techo de piedra centelleaban, incrustados, hundidos, apiñados en focos múltiples; una dulce luz lo iluminaba todo.

A aquellos resplandores, podía verse la maravillosa mansión en todo su esplendor. En los muros, sobre pedazos de plata y oro, entre venas de lapislázuli, formaban caprichosos dibujos, como los arabescos de una mezquita, gran muchedumbre de piedras preciosas. Los diamantes, blancos y limpios como gotas de agua, emergían los iris de sus cristalizaciones; cerca de calcedonias colgantes en estalactitas, las esmeraldas esparcían sus resplandores verdes y los zafiros, en amontonamientos raros, en ramilletes que pendían del cuarzo, semejaban grandes flores azules y temblorosas.

Los topacios dorados, las amatistas, circundaban en franjas el recinto; y en el pavimento, cuajado de ópalos, sobre la pulida crisofasia y el ágata, brotaba de trecho en trecho un hilo de agua, que caía con una dulzura musical, a gotas armónicas, como las de una flauta metálica soplada muy levemente.

Puck se había entrometido en el asunto, ¡el pícaro Puck! Él había llevado el cuerpo del delito, el rubí falsificado, el que estaba ahí, sobre la roca de oro, como una profanación entre el centelleo de todo aquel encanto.

Cuando los gnomos estuvieron juntos, unos con sus martillos y cortas hachas en las manos, otros de gala, con caperuzas flamantes y encarnadas, llenas de pedrería, todos curiosos, Puck dijo así:

—Me habéis pedido que os trajese una muestra de la nueva falsificación humana, y he satisfecho esos deseos.

Los gnomos, sentados a la turca, se tiraban de los bigotes, daban las gracias a Puck, con una pausada inclinación de cabeza, y los más cercanos a él examinaban con gesto de asombro las lindas alas, semejantes a las de un hipsipilo.

Continuó:

—¡Oh, Tierra! ¡Oh, Mujer! Desde el tiempo en que veía a Titania no he sido sino un esclavo de la una, un adorador casi místico de la otra.

Y luego, como si hablase en el placer de un sueño:

—¡Esos rubíes! En la gran ciudad de París, volando invisible, los vi por todas partes. Brillaban en los collares de las cortesanas, en las condecoraciones exóticas de los rastacueros, en los anillos de los príncipes italianos y en los brazaletes de las primadonas.

Y con pícara sonrisa siempre:

—Yo me colé hasta cierto gabinete rosado muy en boga... Había una hermosa mujer dormida. Del cuello le arranqué un medallón y del medallón el rubí. Ahí lo tenéis.

Todos soltaron la carcajada. ¡Qué cascabeleo!

—¡Eh, amigo Puck!

Y dieron su opinión después, acerca de aquella piedra falsa, obra de hombre, o de sabio, que es peor!

—¡Vidrio!

—¡Maleficio!

—¡Ponzoña y cábala!

—¡Química!

—¡Pretender imitar un fragmento del iris!

—¡El tesoro rubicundo de lo hondo del globo!

—¡Hecho de rayos del poniente solidificados!

El gnomo más viejo, andando con sus piernas torcidas, su gran barba nevada, su aspecto de patriarca hecho pasa, su cara llena de arrugas:

—¡Señores! —dijo—, ¡que no sabéis de lo que habláis!

Todos escucharon.

—Yo, yo que soy el más viejo de vosotros, puesto que apenas sirvo ya para martillar las facetas de los diamantes; yo, que he visto formarse estos hondos alcázares; que he cincelado los huesos de la tierra, que he amasado el oro, que he dado un día un puñetazo a un muro de piedra, y caí a un lago donde violé una ninfa; yo, el viejo, os referiré de cómo se hizo el rubí.

Oíd.

Puck sonreía curioso. Todos los gnomos rodearon al anciano cuyas canas palidecían a los resplandores de la pedrería, y cuyas manos extendían su movible sombra en los muros, cubiertos de piedras preciosas, como un lienzo lleno de miel donde se arrojasen granos de arroz.

—Un día, nosotros, los escuadrones que tenemos a nuestro cargo las minas de diamantes, tuvimos una huelga que conmovió toda la tierra, y salimos en fuga por los cráteres de los volcanes.

El mundo estaba alegre, todo era vigor y juventud; y las rosas, y las hojas verdes y frescas, y los pájaros en cuyos buches entra el grano y brota el gorjeo, y el campo todo, saludaban al sol y a la primavera fragrante.

Estaba el monte armónico y florido, lleno de trinos y abejas; era una grande y santa nupcia la que celebraba la luz, y en el árbol la savia ardía profundamente, y en el animal todo era estremecimiento o balido o cántico, y en el gnomo había risa y placer.

Yo había salido por un cráter apagado. Ante mis ojos había un campo extenso. De un salto me puse sobre un árbol, una encina añeja. Luego bajé al tronco, y me hallé cerca de un arroyo, un río pequeño y claro donde las aguas charlaban diciéndose bromas cristalinas. Yo tenía sed. Quise beber ahí... Ahora, oíd mejor.

Brazos, espaldas, senos desnudos, azucenas, rosas, panecillos de marfil coronados de cerezas; ecos de risas áureas, festivas; y allá, entre las espumas, entre las linfas rotas, bajo las verdes ramas...

—¿Ninfas?

—No, mujeres.

—Yo sabía cuál era mi gruta. Con dar una patada en el suelo, abría la arena negra y llegaba a mi dominio. ¡Vosotros, pobrecillos, gnomos jóvenes, tenéis mucho que aprender!

Bajo los retoños de unos helechos nuevos me escurrí, sobre unas piedras deslavadas por la corriente espumosa, y parlante; y a ella, a la hermosa, a la mujer, la agarré de la cintura, con este brazo antes tan musculoso; gritó, golpeé el suelo; descendimos. Arriba quedó el asombro, abajo el gnomo soberbio y vencedor.

Un día yo martillaba un trozo de diamante inmenso, que brillaba como un astro y que al golpe de mi maza se hacía pedazos.

El pavimento de mi taller se asemejaba a los restos de un sol hecho trizas. La mujer amada descansaba a un lado, rosa de carne entre maceteros de zafir, emperatriz del oro, en un lecho de cristal de roca, toda desnuda y espléndida como una diosa.

Pero en el fondo de mis dominios, mi reina, mi querida, mi bella, me engañaba. Cuando el hombre ama de veras, su pasión lo penetra todo, y es capaz de traspasar la tierra.

Ella amaba a un hombre, y desde su prisión le enviaba suspiros. Éstos pasaban los poros de la corteza terrestre y llegaban a él; y él, amándola también, besaba las rosas de cierto jardín; y ella, la enamorada, tenía —yo lo notaba— convulsiones súbitas en que estiraba sus labios rosados y frescos como pétalos de centifolia. ¿Cómo ambos así se sentían? Con ser quien soy, no lo sé.

*

Había acabado yo mi trabajo, un gran montón de diamantes hechos en un día; la tierra abría sus grietas de granito como labios con sed, esperando el brillante despedazamiento del rico cristal. Al fin de la faena, di un martillazo que rompió una roca y me dormí.

Desperté al rato al oír algo como un gemido.

De su lecho, de su mansión más luminosa y rica que las de todas las reinas de Oriente, había volado fugitiva, desesperada, la amada mía, la mujer robada. ¡Ay! y queriendo huir por el agujero abierto por mi maza de granito, desnuda y bella, destrozó su cuerpo blanco y suave como de azahar y mármol y rosa, en los filos de los diamantes rotos. Heridos sus costados, chorreaba la sangre; los quejidos eran conmovedores hasta las lágrimas. ¡Oh, dolor!

Yo desperté, la tomé en mis brazos, le di mis besos más ardientes; mas la sangre corría inundando el recinto, y la gran masa diamantina se teñía de grana.

Me pareció que sentía, al darle un beso un perfume salido de aquella boca encendida: el alma; el cuerpo quedó inerte.

Cuando el gran patriarca nuestro, el centenario semidiós de las entrañas terrestres, pasó por allí, encontró aquella muchedumbre de diamantes rojos...

Pausa.

—¿Habéis comprendido?

Los gnomos muy graves se levantaron.

Examinaron más de cerca la piedra falsa, hechura del sabio.

—¡Mirad, no tiene facetas!

—¡Brilla pálidamente!

—¡Impostura!

—¡Es redonda como la coraza de un escarabajo!

Y en ronda, uno por aquí, otro por allá, fueron a arrancar de los muros pedazos de arabesco, rubíes grandes como una naranja, rojos y chispeantes como un diamante hecho sangre; y decían:

—He aquí lo nuestro, ¡oh madre Tierra!.

—Aquello era una orgía de brillo y de color.

Y lanzaban al aire las gigantescas piedras luminosas y reían. De pronto, con toda la dignidad de un gnomo:

—¡Y bien!, el desprecio.

Se comprendieron todos. Tomaron el rubí falso, lo despedazaron y arrojaron los fragmentos —con desdén terrible— a un hoyo que abajo daba a una antiquísima selva carbonizada. Después, sobre sus rubíes, sobre sus ópalos, entre aquellas paredes resplandecientes, empezaron a bailar asidos de las manos una farandola loca y sonora.

¡Y celebraban con risas, el verse grandes en la sombra!

Ya Puck volaba afuera, en el abejeo del alba recién nacida, camino de una pradera en flor. Y murmuraba —¡siempre con su sonrisa sonrosada!

— Tierra... Mujer...

Porque tú, ¡oh madre Tierra!, eres grande, fecunda, de seno inextinguible y sacro; y de tu vientre moreno brota la savia de los troncos robustos, y el oro y el agua diamantina y la casta flor de lis. ¡Lo puro, lo fuerte, lo infalsificable! Y tú, ¡Mujer!, eres —espíritu y carne— toda amor.

EL PALACIO DEL SOL

A vosotras, madres de las muchachas anémicas, va esta historia, la historia de Berta, la niña de los ojos de color de aceituna, fresca como una rama de durazno en flor, luminosa como un alba, gentil como la princesa de un cuento azul.

Ya veréis, sanas y respetables señoras, que hay algo mejor que el arsénico y el fierro, para encender la púrpura de las lindas mejillas virginales; y que es preciso abrir la puerta de su jaula a vuestras avecitas encantadoras, sobre todo cuando llega el tiempo de la primavera y hay ardor en las venas y en las savias, y mil átomos de sol abejean en los jardines, como un enjambre de oro sobre las rosas entreabiertas.

Cumplidos sus quince años, Berta empezó a entristecer, en tanto que sus ojos llameantes se rodeaban de ojeras melancólicas.

—Berta, te he comprado dos muñecas...

—No las quiero, mamá...

—He hecho traer los Nocturnos...

—Me duelen los dedos, mamá...

—Entonces...

—Estoy triste, mamá...

—Pues que se llame al doctor.

Y llegaron las antiparras de aros de carey, los guantes negros, la calva ilustre y el cruzado levitón.

Ello era natural. El desarrollo, la edad... síntomas claros, falta de apetito, algo como una opresión en el pecho, tristeza, punzadas a veces en las sienes, palpitación... Ya sabéis; dad a vuestra niña glóbulos de ácido arsenioso, luego duchas. El tratamiento...

Y empezó a curar su melancolía, con glóbulos y duchas, al comenzar la primavera, la niña de los ojos de color de aceituna, que llegó a estar fresca como una rama de durazno en flor, luminosa como un alba, gentil como la princesa de un cuento azul.

A pesar de todo, las ojeras persistieron, la tristeza continuó, y Berta pálida como un precioso marfil, llegó un día a las puertas de la muerte. Todos lloraban por ella en el palacio, y la sana y sentimental mamá hubo de pensar en las palmas blancas del ataúd de las doncellas. Hasta que una mañana la lánguida anémica bajó al jardín, sola, y siempre con su vaga atonía melancólica, a la hora en que el alba ríe. Suspirando erraba sin rumbo, aquí, allá; y las flores estaban tristes de verla. Se apoyó en el zócalo de un fauno soberbio y bizarro, cincelado por Plaza, que, húmedos de rocío sus cabellos de mármol, bañaba en luz su torso espléndido y desnudo. Vio un lirio que erguía al azul la pureza de su cáliz blanco, y estiró la mano para cogerlo. No bien había...

Sí, un cuento de hadas, señoras mías, pero ya veréis sus aplicaciones en una querida realidad, no bien había tocado el cáliz de la flor, cuando de él surgió de súbito un hada, en su carro áureo y diminuto, vestida de hilos brillantísimos e impalpables, con su aderezo de rocío, su diadema de perlas y su varita de plata.

¿Creéis que Berta se amedrentó? Nada de eso. Batió palmas alegre, se reanimó como por encanto, y dijo al hada:

—¿Tú eres la que me quiere tanto en sueños?

—Sube —respondió el hada.

Y como si Berta se hubiera empequeñecido, de tal modo cupo en la concha del carro de oro, que hubiera estado holgada sobre el ala corva de un cisne a flor de agua. Y las flores, el fauno orgulloso, la luz del día, vieron cómo en el carro del hada iba por el viento, plácida y sonriendo al sol, Berta, la niña de los ojos de color aceituna, fresca como una rama de durazno en flor, luminosa como un alba, gentil como la princesa de un cuento azul.

Cuando Berta, ya alto el divino cochero, subió a los salones por las gradas del jardín que imitaban esmaragdita, todos, la mamá, la prima, los criados, pusieron la boca en forma de O. Venía ella saltando como un pájaro, con el rostro lleno de vida y de púrpura, el seno hermoso y henchido, recibiendo las caricias de una crencha castaña, libre y al desgaire, los brazos desnudos hasta el codo, medio mostrando la malla de sus cuasi imperceptibles venas azules, los labios entreabiertos por una sonrisa, como para emitir una canción.

Todos exclamaron:

—¡Aleluya! ¡Gloria! ¡Hosanna al rey de los Esculapios! ¡Fama eterna a los glóbulos de ácido arsenioso y a las duchas triunfales!

Y mientras Berta corrió a su retrete a vestir sus más ricos brocados, se enviaron presentes al viejo de las antiparras de aros de carey, de los guantes negros, de la calva ilustre y del cruzado levitón.

Y ahora, oíd vosotras, madres de las muchachas anémicas, cómo hay algo mejor que el arsénico y el fierro, para eso de encender la púrpura de las lindas mejillas virginales. Y sabréis cómo no, no fueron los glóbulos, no, no fueron las duchas, no, no fue el farmacéutico, quien devolvió salud y vida a Berta, la niña de los ojos color de aceituna, alegre y fresca como una rama de durazno en flor, luminosa como un alba, gentil como la princesa de un cuento azul.

Así que se vio en el carro del hada, le preguntó:

—¿Y adónde me llevas?

—Al palacio del sol.

Y desde luego sintió la niña que sus manos se tomaban ardientes, y que su corazoncito le saltaba como henchido de sangre impetuosa.

—Oye —siguió el hada—. Yo soy la buena hada de los sueños de las niñas adolescentes: yo soy la que curo a las cloróticas con sólo llevarlas en mi carro de oro al palacio del sol, a donde vas tú. Mira, chiquita, cuida de no beber tanto el néctar de la danza, y de no desvanecerte en las primeras rápidas alegrías. Ya llegamos. Pronto volverás a tu morada. Un minuto en el palacio del sol deja en los cuerpos y en las almas años de fuego, niña mía.

En verdad, estaban en un lindo palacio encantado, donde parecía sentirse el sol en el ambiente. ¡Oh, qué luz!, ¡qué incendios! Sintió Berta que se le llenaban los pulmones de aire de campo y de mar, y las venas de fuego; sintió en el cerebro esparcimientos de armonía, y como que se ponía más elástica y tersa su delicada carne de mujer. Luego vio, vio sueños reales, y oyó, oyó músicas embriagantes. En vastas galerías deslumbradoras, llenas de claridades y de aromas, de sederías y de mármoles, vio un torbellino de parejas, arrebatadas por las ondas invisibles y dominantes de un vals.

Vio que otras tantas anémicas como ella llegaban pálidas y entristecidas, respiraban aquel aire, y luego se arrojaban en brazos de jóvenes vigorosos y esbeltos, cuyos bozos de oro y finos cabellos brillaban a la luz; y danzaban con ellos, en una ardiente estrechez, oyendo requiebros misteriosos que iban al alma, respirando de tanto en tanto como hálitos de vainilla, de haba de Tonka, de violeta, de canela, hasta que con fiebre, jadeantes, rendidas, como palomas fatigadas de un largo vuelo, caían sobre cojines de seda, los senos palpitantes, las gargantas sonrosadas, y así, soñando, soñando en cosas embriagadoras... ¡Y ella también! cayó al remolino, al maelstrom atrayente, y bailó y giró, pasó, entre los espasmos de un placer agitado; y recordaba entonces que no debía de embriagarse tanto con el vino de la danza, aunque no cesaba de mirar al hermoso compañero, con sus grandes ojos de mirada primaveral.

Y él la arrastraba por las vastas galerías, ciñendo su talle, y hablándola al oído, en la lengua amorosa y rítmica de los vocablos apacibles, de las frases irisadas y olorosas, de los periodos cristalinos y orientales. Y entonces ella sintió que su cuerpo y su alma se llenaban de sol, de efluvios poderosos y de vida. ¡No, no esperéis más!

El hada la volvió al jardín de su palacio, al jardín donde cortaba flores envuelta en una oleada de perfumes, que subía místicamente a las ramas trémulas, para flotar como el alma errante de los cálices muertos.

Así fue Berta a vestir sus más ricos brocados, para honra de los glóbulos y duchas triunfales, llevando rosas en las faldas y en las mejillas.

¡Madres de las muchachas anémicas!, os felicito por la victoria de los arseniatos e hipofosfitos del señor doctor. Pero en verdad os digo: es preciso, en provecho de las lindas mejillas virginales, abrir la puerta de su jaula a vuestras avecitas encantadoras, sobre todo en el tiempo de la primavera, cuando hay ardor en las venas y en las savias, y mil átomos de sol abejean en los jardines como un enjambre de oro sobre las rosas entreabiertas. Para vuestras cloróticas, el sol en los cuerpos y en las almas. Sí, al palacio del sol, de donde vuelven las niñas como Berta, la de los ojos color aceituna, frescas como una rama de durazno en flor, luminosas como un alba, gentiles como la princesa de un cuento azul.

EL PÁJARO AZUL

París es teatro divertido y terrible. Entre los concurrentes al Café Plombier, buenos y decididos muchachos —pintores, escultores, escritores, poetas—, sí, ¡todos buscando el viejo laurel verde!, ninguno más querido que aquel pobre Garcín, triste casi siempre, buen bebedor de ajenjo, soñador que nunca se emborrachaba, y, como bohemio intachable, bravo improvisador.

En el cuartucho destartalado de nuestras alegres reuniones guardaba el yeso de las paredes, entre los esbozos y rasgos de futuros Clays, versos, estrofas enteras escritas en la letra echada y gruesa de nuestro pájaro azul.

El pájaro azul era el pobre Garcín. No sabéis por qué se llamaba así. Nosotros le bautizamos con ese nombre.

Ello no fue un simple capricho. Aquel excelente muchacho tenía el vino triste. Cuando le preguntábamos por qué, cuando todos reíamos como insensatos o como chicuelos, él arrugaba el ceño y miraba fijamente el cielo raso, nos respondía con cierta amargura:

—Camaradas: habéis de saber que tengo un pájaro azul en el cerebro, por consiguiente...

Sucedía también que gustaba de ir a las campiñas nuevas, al entrar la primavera. El aire del bosque hacía bien a sus pulmones, según nos decía el poeta.

De sus excursiones solía traer ramos de violetas y gruesos cuadernillos de madrigales, escritos al ruido de las hojas y bajo el ancho cielo sin nubes. Las violetas eran para Niní, su vecina, una muchacha fresca y rosada que tenía los ojos muy azules.

Los versos eran para nosotros. Nosotros los leíamos y los aplaudíamos. Todos teníamos una alabanza para Garcín. Era un ingenio que debía brillar. El tiempo vendría. ¡Oh, el pájaro azul volaría muy alto! ¡Bravo! ¡Bien! ¡Eh, mozo, más ajenjo!

Principios de Garcín:

De las flores, las lindas campánulas.

Entre las piedras preciosas, el zafiro.

De las inmensidades, el cielo y el amor; es decir, las pupilas de Niní.

Y repetía el poeta: "Creo que siempre es preferible la neurosis a la imbecilidad".

A veces Garcín estaba más triste que de costumbre. Andaba por los bulevares; veía pasar indiferentes los lujosos carruajes, los elegantes, las hermosas mujeres. Frente al escaparate de un joyero sonreía; pero cuando pasaba cerca de un almacén de libros, se llegaba a las vidrieras husmeaba, y al ver las lujosas ediciones, se declaraba decididamente envidioso, arrugaba la frente; para desahogarse, volvía el rostro hacia el cielo y suspiraba. Corría al café en busca de nosotros, conmovido, exaltado, casi llorando, pedía su vaso de ajenjo, y nos decía:

—Sí, dentro de la jaula de mi cerebro está preso un pájaro azul que quiere su libertad...

Hubo algunos que llegaron a creer en un descalabro de la razón.

Un alienista a quien se le dio noticia de lo que pasaba, calificó el caso como una monotonía especial. Sus estudios patológicos no dejaban lugar a duda.

Decididamente, el desgraciado Garcín estaba loco.

Un día recibió de su padre, un viejo provinciano de Normandía, comerciante de trapos, una carta que decía lo siguiente, poco más o menos:

"Sé de tus locuras en París. Mientras permanezcas de ese modo, no tendrás de mí un solo *sou*. Ven a llevar los libros de mi almacén, y cuando hayas quemado, gandul, tus manuscritos de tonterías, tendrás mi dinero".

Esta carta se leyó en el Café Plombier.

—¿Y te irás?

—¿No te irás?

—¿Aceptas?

—¿Desdeñas?

¡Bravo Garcín! Rompió la carta y saltando el trapo a la vena, improvisó unas cuantas estrofas, que acababan, si mal no recuerdo: ¡sí, seré siempre un gandul, lo cual aplaudo y celebro, mientras sea mi cerebro jaula del pájaro azul!

Desde entonces Garcín cambió de carácter. Se volvió charlador, se dio un baño de alegría, compró levita nueva y comenzó un poema en tercetos titulado, pues es claro: El pájaro azul. Cada noche se leía en nuestra tertulia algo de la obra.

Aquello era excelente, sublime, disparatado.

Allí había un cielo muy hermoso, una campiña muy fresca, paisajes brotados como por la magia del pincel de Corot, rostros de niños asomados entre flores, los ojos de Niní húmedos y grandes; y por añadidura, el buen Dios que envía volando, volando, sobre todo aquello, un pájaro azul que, sin saber cómo ni cuándo, anida dentro del cerebro del poeta, en donde queda aprisionado. Cuando el pájaro canta, se hacen versos alegres y rosados. Cuando el pájaro quiere volar y abre las alas y se da contra las paredes del cráneo, se alzan los ojos del cielo, se arruga la frente y se bebe el ajenjo con poca agua, fumando además, por remate, un cigarrillo de papel.

He ahí el poema.

Una noche llegó Garcín riendo mucho y, sin embargo, muy triste.

La bella vecina había sido conducida al cementerio.

—¡Una noticia! ¡Una noticia! Canto último de mi poema. Niní ha muerto. Viene la primavera y Niní se va. Ahorro de violetas para la campiña. Ahora falta el epílogo del poema. Los editores no se dignan siquiera leer mis versos. Vosotros muy pronto tendréis que dispersaros. Ley del tiempo. El epílogo debe de titularse así: De cómo el pájaro azul alza el vuelo al cielo azul.

¡Plena primavera! Los árboles florecidos, las nubes rosadas en el alba y pálidas por la tarde; ¡el aire suave que mueve las hojas y hace aletear las cintas de los sombreros de paja con especial ruido! Garcín no ha ido al campo.

Héle ahí, viene con su traje nuevo, a nuestro amado café Plombier, pálido, con una sonrisa triste.

Amigos míos, ¡un abrazo! Abrazadme todos, así, fuerte, decidme adiós, con todo el corazón, con todo el alma... El pájaro azul vuela...

Y el pobre Garcín lloró, nos estrechó, nos apretó las manos con todas sus fuerzas y se fue.

Todos dijimos: "Garcín, el hijo pródigo, busca a su padre, el viejo normando. Musas, adiós; adiós, Gracias. ¡Nuestro poeta se decide a medir trapos! ¡Eh! ¡Una copa por Garcín!",

Pálidos, asustados, entristecidos, al día siguiente, todos los parroquianos del Café Plombier, que metíamos tanta bulla en aquel cuartucho destartalado, nos hallábamos en la habitación de Garcín. Él estaba en su lecho, sobre las sábanas ensangrentadas, con el cráneo roto de un balazo. Sobre la almohada había fragmentos de masa cerebral. ¡Qué horrible!

Cuando repuestos de la impresión, pudimos llorar ante el cadáver de nuestro amigo, encontramos que tenía consigo el famoso poema. En la última página había escritas estas palabras: "Hoy, en plena primavera, dejo abierta la puerta de la jaula al pobre pájaro azul".

¡Ay, Garcín!, ¡cuántos llevan en el cerebro tu misma enfermedad!

PALOMAS BLANCAS Y GARZAS MORENAS

Mi prima Inés era rubia como una alemana. Fuimos criados juntos, desde muy niños, en casa de la buena abuelita que nos amaba mucho y nos hacía vernos como hermanos, vigilándonos cuidadosamente, viendo que no riñésemos. ¡Adorable, la viejecita, con sus trajes a grandes flores, y sus cabellos crespos y recogidos, como una vieja marquesa de Boucher!

Inés era un poco mayor que yo. No obstante, yo aprendí a leer antes que ella; y comprendía —lo recuerdo muy bien— lo que ella recitaba de memoria, maquinalmente, en una pastorela, donde bailaba y cantaba delante del niño Jesús, la hermosa María y el señor San José; todo con el gozo de las sencillas personas mayores de la familia, que reían con risa de miel, alabando el talento de la actrizuela.

Inés crecía. Yo también; pero no tanto como ella. Yo debía entrar a un colegio, en internado terrible y triste, a dedicarme a los áridos estudios de bachillerato, a comer los platos clásicos de los estudiantes, a no ver el mundo —¡mi mundo de mozo!— y mi casa, mi abuela, mi prima, mi gato —un excelente romano que se restregaba cariñosamente en mis piernas y me llenaba los trajes negros de pelos blancos.

Partí.

Allá en el colegio mi adolescencia se despertó por completo. Mi voz tomó timbres aflautados y roncos; llegué al periodo ridículo del niño que pasa a joven. Entonces, por un fenómeno especial, en vez de preocuparme de mi profesor de matemáticas, que no logró nunca hacer que yo comprendiese el binomio de Newton, pensé —todavía vaga y misteriosamente— en mi prima Inés.

Luego tuve revelaciones profundas. Supe muchas cosas. Entre ellas, que los besos eran un placer exquisito.

Tiempo.

Leí Pablo y Virginia. Llegó un fin de año escolar, y salí de vacaciones, rápido como una saeta, camino de mi casa.

¡Libertad!

Mi prima —pero, ¡Dios santo, en tan poco tiempo!— se había hecho una mujer completa. Yo delante de ella me hallaba como avergonzado, un tanto serio. Cuando me dirigía la palabra, me ponía a sonreírle con una sonrisa simple.

Ya tenía quince años y medio Inés. La cabellera, dorada y luminosa al sol, era un tesoro. Blanca y levemente amapola— da, su cara era una creación murillesca, si se veía de frente. A veces, contemplando su perfil, pensaba en una soberbia medalla siracusana, en un rostro de princesa. El traje, corto antes, había descendido. El seno, firme y esponjado, era un ensueño oculto y supremo; la voz clara y vibrante, las pupilas azules, inefables; la boca llena de fragancia de vida y de color de púrpura. ¡Sana y virginal primavera!

La abuelita me recibió con los brazos abiertos. Inés se negó a abrazarme, me tendió la mano. Después no me atreví a invitarla a los juegos de antes. Me sentía tímido. ¡Y qué!, ella debía sentir algo de lo que yo. ¡Yo amaba a mi prima! Inés, los domingos iba con la abuela a misa, muy de mañana. Mi dormitorio estaba vecino al de ellas. Cuando cantaban los campanarios su sonora llamada matinal, yo estaba despierto.

Oía, oreja atenta, el ruido de las ropas. Por la puerta entreabierta veía salir la pareja que hablaba en voz alta. Cerca de mí pasaba el frufrú de las polleras antiguas de mi abuela y del traje de Inés, coqueto, ajustado, para mí siempre revelador.

¡Oh, Eros!

—Inés...

—¿...?

Y estábamos solos, a la luz de la luna argentina, dulce, ¡una bella luna de aquellas del país de Nicaragua!

Le dije todo lo que sentía, suplicante, balbuciente, echando las palabras, ya rápidas, ya contenidas, febril, temeroso.

¡Sí!, se lo dije todo: las agitaciones sordas y extrañas que en mí experimentaba cerca de ella, el amor, el ansia, los tristes insomnios del deseo, mis ideas fijas en ella, allá en mis meditaciones del colegio; y repetía como una oración sagrada la gran palabra: ¡el amor! ¡Oh!, ella debía recibir gozosa mi adoración. Creceríamos más. Seríamos marido y mujer...

Esperé.

La pálida claridad celeste nos iluminaba. El ambiente nos llevaba perfumes tibios que a mí se me imaginaban propicios para los fogosos amores. ¡Cabellos áureos, ojos paradisíacos, labios encendidos y entreabiertos!

De repente, y con un mohín:

—¡Ve!, la tontería...

Y corrió, como una gata alegre adonde se hallaba la buena abuela, rezando a la callada sus rosarios y responsorios. Con risa descocada de educanda maliciosa, con aire de locuela:

—¡Eh, abuelita!, ya me dijo...

¡Ellas, pues, ya sabían que yo debía "decir"!

Con su reír interrumpía el rezo de la anciana, que se quedó pensativa acariciando las cuentas de su camándula. Y yo, que todo lo veía, a la husma, de lejos, lloraba, sí, lloraba lágrimas amargas, ¡las primeras de mis desengaños de hombre!

Los cambios fisiológicos que en mí se sucedían y las agitaciones de mi espíritu, me conmovían hondamente. ¡Dios mío! Soñador, un pequeño poeta como me creía, al comenzarme el bozo, sentía llenos de ilusiones la cabeza, de versos los labios, y mi alma y mi cuerpo de púber tenían sed de amor.

¿Cuándo llegaría el momento soberano en que alumbraría una celeste mirada el fondo de mi ser, y aquel en que se rasgaría el velo del enigma atrayente?

Un día, a pleno sol, Inés estaba en el jardín regando trigo, entre los arbustos y las flores, a las que llamaba sus amigas: unas palomas albas, arrulladoras, con sus buches níveos y amorosamente musicales. Llevaba un traje —siempre que con ella he soñado la he visto con el mismo— gris, azulado, de anchas mangas, que dejaban ver casi por entero los satinados brazos alabastrinos, los cabellos los tenía recogidos y húmedos, y el vello alborotado de su nuca blanca y rosa, era para mí como luz crespa.

Las aves andaban a su alrededor currucuqueando, e imprimían en el suelo oscuro la estrella acarminada de sus patas.

Hacía calor. Yo estaba oculto tras los ramajes de unos jazmineros. La devoraba con los ojos. ¡Por fin se acercó por mi escondite, la prima gentil! Me vio trémulo, enrojecida la faz, en mis ojos una llama viva y rara y acariciante, y se puso a reír cruelmente, terriblemente. ¡Y bien! ¡Oh!, aquello no era posible. Me lancé con rapidez frente a ella.

Audaz, formidable debía estar, cuando ella retrocedió como asustada, un paso.

—¡Te amo!

Entonces tornó a reír. Una paloma voló a uno de sus brazos. Ella la mimó dándole granos de trigo entre las perlas de su boca fresca y sensual. Me acerqué más. Mi rostro estaba junto al suyo. Los cándidos animales nos rodeaban. Me turbaba el cerebro una onda invisible y fuerte de aroma femenil. Se me antojaba Inés una paloma hermosa y humana, blanca y sublime; y, al propio tiempo, llena de fuego, de ardor, un tesoro de dichas. No dije más. Le tomé la cabeza y le di un beso, en una mejilla, un beso rápido, quemante de pasión furiosa. Ella, un tanto enojada, salió en fuga. Las palomas se asustaron y alzaron el vuelo, formando un opaco ruido de alas sobre los arbustos temblorosos. Yo, abrumado, quedé inmóvil.

Al poco tiempo partía a otra ciudad. La paloma blanca y rubia no había, ¡ay! mostrado a mis ojos el soñado paraíso del misterioso deleite.

¡Musa ardiente y sacra para mi alma, el día había de llegar! Elena, la graciosa, la alegre, ella fue el nuevo amor. ¡Bendita sea aquella boca, que murmuró por primera vez cerca de mí las inefables palabras!

Era allá, en una ciudad que está a la orilla de un lago de mi tierra, un lago encantador, lleno de islas floridas, con pájaros de colores.

Los dos solos estábamos cogidos de las manos, sentados en el viejo muelle, debajo del cual el agua glauca y oscura chapoteaba musicalmente. Había un crepúsculo acariciador, de aquellos que son la delicia de los enamorados tropicales. En el cielo opalino se veía una diafanidad apacible que disminuía hasta cambiarse en tonos de violeta oscuro, por la parte del oriente, y aumentaba convirtiéndose en oro sonrosado en el horizonte profundo, donde vibraban oblicuos, rojos y desfallecientes, los últimos rayos solares. Arrastrada por el deseo, me miraba la adorada mía y nuestros ojos se decían cosas ardorosas y extrañas. En el fondo de nuestras almas cantaban al unísono embriagador como dos invisibles y divinas filomelas.

Yo extasiado veía a la mujer tierna y ardiente; con su cabellera castaña que acariciaba con mis manos su rostro color de canela y rosa, su boca cleopatrina, su cuerpo gallardo y virginal; y oía su voz queda, que me decía frases cariñosas, tan bajo, como que sólo eran para mí, temerosa quizás de que se las llevase el viento vespertino. Fija en mí, me inundaban de felicidad sus ojos de Minerva, ojos verdes, ojos que deben siempre gustar a los poetas. Luego, erraban nuestras miradas por el lago, todavía lleno de vaga claridad. Cerca de la orilla, se detuvo un gran grupo de garzas. Garzas blancas, garzas morenas, de esas que cuando el día calienta, llegan a las riberas a espantar a los cocodrilos, que, con las anchas mandíbulas abiertas, beben el sol sobre las rocas negras. ¡Bellas garzas! Algunas ocultaban los largos cuellos en la onda o bajo el ala, y semejaban grandes manchas de flores vivas y sonrosadas, móviles y apacibles. A veces una, sobre una pata, se alisaba con el pico las plumas, o permanecía inmóvil, escultural o hieráticamente, o varias daban un corto vuelo, formando en el fondo de la ribera llena de verde, o en el cielo, caprichosos dibujos, como las bandadas de grullas de un parasol chino.

Me imaginaba junto a mi amada, que de aquel país de la altura, me traerían las garzas muchos versos desconocidos y soñadores. Las garzas las encontraba más puras y voluptuosas, con la pureza de la paloma y la voluptuosidad del cisne; garridas con sus cuellos reales, parecidos a los de las damas inglesas que junto a los pajecillos rizados se ven en aquel cuadro en que Shakespeare recita en la corte de Londres. Sus alas, delicadas y albas, hacen pensar en desfallecientes sueños nupciales; todas —bien dice un poeta— como cinceladas en jaspe.

¡Ah, pero las otras tenían algo de más encantador para mí! Mi Elena se me antojaba como semejante a ellas, con su color de canela y de rosa, gallarda y gentil.

Ya el sol desaparecía arrastrando toda su púrpura opulenta de rey oriental. Yo había halagado a la amada tiernamente con mis juramentos y frases melifluas y cálidas, y juntos seguíamos en un lánguido dúo de pasión inmensa. Habíamos sido hasta ahí dos amantes soñadores, consagrados místicamente uno a otro.

De pronto y como atraídos por una fuerza secreta, en un momento inexplicable, nos besamos en la boca, todos trémulos, con un beso para mí sacratísimo y supremo: el primer beso recibido de labios de mujer. ¡Oh, Salomón, bíblico y real poeta! Tú lo dijiste como nadie: Mel et lac sub lingua tua.

Aquel día no soñamos más.

¡Ah, mi adorable, mi bella, mi querida garza morena! Tú tienes en los recuerdos que en mi alma forman lo más alto y sublime, una luz inmortal.

Porque tú me revelaste el secreto de las delicias divinas, en el inefable primer instante de amor.

ÁLBUM PORTEÑO

I. EN BUSCA DE CUADROS

Sin pinceles, sin paleta, sin papel, sin lápiz, Ricardo, poeta lírico incorregible, huyendo de las agitaciones y turbulencias, de las máquinas y de los fardos, del ruido monótono de los tranvías y el chocar de los caballos con su repiqueteo de caracoles sobre las piedras; de las carreras de los corredores frente a la Bolsa; del tropel de los comerciantes; del grito de los vendedores de diarios; del incesante bullicio e inacabable hervor de este puerto; en busca de impresiones y cuadros, subió al cerro Alegre, que, gallardo como una gran roca florecida, luce sus flancos verdes, sus montículos coronados de casas risueñas escalonadas en la altura, rodeadas de jardines, con ondeantes cortinas de enredaderas, jaulas de pájaros, jarras de flores, rejas vistosas y niños rubios de caras angélicas.

Abajo estaban las techumbres del Valparaíso que hace transacciones, que anda a pie como una ráfaga, que puebla los almacenes e invade los bancos, que viste por la mañana terno crema o plomizo, a cuadros, con sombrero de paño, y por la noche bulle en la calle del Cabo con lustroso sombrero de copa, abrigo al brazo y guantes amarillos, viendo a la luz que brota en las vidrieras, los lindos rostros de las mujeres que pasan.

Más allá, el mar, acerado, brumoso, los barcos en grupo, el horizonte azul y lejano. Arriba, entre opacidades, el sol.

Donde estaba el soñador empedernido, casi en lo más alto del cerro, apenas si se sentían los estremecimientos de abajo. Erraba él a lo largo del Camino de la Cintura, e iba pensando en idilios, con toda la augusta desfachatez de un poeta que fuera millonario.

Había allí aire fresco para sus pulmones, cosas sobre cumbres, como nidos al viento, donde bien podía darse el gusto de colocar parejas enamoradas; y tenía además el inmenso espacio azul, del cual —él lo sabía perfectamente—, los que hacen los salmos y los himnos pueden disponer como les venga en antojo.

De pronto escuchó: "Mary, Mary". Y él, que andaba a caza de impresiones y en busca de cuadros, volvió la vista.

II. ACUARELA

Había cerca un bello jardín, con más rosas que azaleas y más violetas que rosas. Un bello y pequeño jardín con jarrones, pero sin estatuas: con una pila blanca, pero sin surtidores, cerca de una casita como hecha para un cuento dulce y feliz. En la pila un cisne chapuzaba revolviendo el agua, sacudiendo las alas de un blancor de nieve, enarcando el cuello en la forma del brazo de una lira o del ansa de un ánfora y moviendo el pico húmedo y con tal lustre como si fuese labrado en un ágata de color de rosa.

En la puerta de la casa, como extraída de una novela de Dickens, estaba una de esas viejas inglesas, únicas, solas, clásicas, con la cofia encintada, los anteojos sobre la nariz, el cuerpo encorvado, las mejillas arrugadas, mas con color de manzana madura y salud rica. Sobre la saya oscura, el delantal.

Llamaba:

—¡Mary!

El poeta vio llegar una joven de un rincón del jardín, hermosa, triunfal, sonriente; y no quiso tener tiempo sino para meditar en que son adorables los cabellos dorados cuando flotan sobre las nucas marmóreas y en que hay rostros que bien valen un alba.

Luego todo era delicioso. Aquellos quince años entre las rosas —quince años, sí, los estaban pregonando unas pupilas serenas de niña, un seno apenas erguido, una frescura primaveral, y una falda hasta el tobillo, que dejaba ver el comienzo turbador de una media de color de carne; aquellos rosales temblorosos que hacían ondular sus arcos verdes, aquellos durazneros con sus ramilletes alegres donde se detenían al paso las mariposas errantes llenas de polvos de oro, y las libélulas de alas cristalinas e irisadas; aquel cisne en la ancha taza, esponjando el alabastro de sus plumas, y zambulléndose entre espumajeos y burbujas, con voluptuosidad, en la transparencia del agua; la casita limpia, pintada, apacible, de donde emergía como una onda de felicidad; y en la puerta la anciana, un invierno, en medio de toda aquella vida, cerca de Mary, una virginidad en flor.

Ricardo, poeta lírico que andaba a caza de cuadros, estaba allí con la satisfacción de un goloso que paladea cosas exquisitas.

Y la anciana y la joven:

—¿Qué traes?

—Flores.

Mostraba Mary su falda llena como de iris hechos trizas, que revolvía con una de sus manos gráciles de ninfa, mientras sonriendo su linda boca purpurada, sus ojos abiertos en redondo dejaban ver un color de lapislázuli y una humedad radiosa.

El poeta siguió adelante.

III. PAISAJE

A poco de andar se detuvo.

El sol había roto el velo de las nubes Y bañaba de claridad áurea y perlada un recodo del camino. Allí unos cuantos sauces inclinaban sus cabelleras verdes hasta rozar el césped. En el fondo se divisaban altos barrancos y en ellos tierra negra, tierra roja, pedruscos brillantes como vidrios. Bajo los sauces agobiados ramoneaban sacudiendo sus testas filosóficas —¡oh, gran maestro Hugo!— unos asnos; y cerca de ellos un buey, gordo, con sus grandes ojos melancólicos y pensativos donde ruedan miradas y ternuras de éxtasis supremos y desconocidos, mascaba despacioso y con cierta pereza la pastura. Sobre todo flotaba un vaho cálido, y el grato olor campestre de las hierbas chafadas.

Veíase en lo profundo un trozo de azul. Un huaso robusto, uno de esos fuertes campesinos, toscos hércules que detienen un toro, apareció de pronto en lo más alto de los barrancos. Tenía tras de sí el vasto cielo. Las piernas, todas músculos, las llevaba desnudas. En uno de sus brazos traía una cuerda gruesa y arrollada. Sobre su cabeza, como un gorro de nutria, sus cabellos enmarañados, tupidos, salvajes. Llegóse al buey enseguida y les echó el lazo a los cuernos. Cerca de él, un perro con la lengua de fuera, acezando, movía el rabo y daba brincos:

—¡Bien!, dijo Ricardo. Y pasó.

IV. AGUAFUERTE

Pero ¿para dónde diablos iba?

Y se encontró en una casa cercana de donde salía un ruido metálico y acompasado.

En un recinto estrecho, entre paredes llenas de hollín, negras, muy negras, trabajaban unos hombres en la forja. Uno movía el fuelle que resoplaba, haciendo crepitar el carbón, lanzando torbellinos de chispas y llamas como lenguas pálidas, áureas, azulejas, resplandecientes. Al brillo del fuego en que se enrojecían largas barras de hierro, se miraban los rostros de los obreros con un reflejo trémulo. Tres yunques ensamblados en toscas armazones resistían el batir de los machos que aplastaban el metal candente, haciendo saltar una lluvia enrojecida. Los forjadores vestían camisas de cuellos abiertos, y largos delantales de cuero.

Alcanzábaseles a ver el pescuezo gordo y el principio del pecho velludo; y salían de las mangas holgadas los brazos gigantescos, donde, como los de Amico, parecían los músculos redondas piedras de las que deslavan y pulen los torrentes. En aquella negrura de caverna, al resplandor de las llamaradas, tenían tallas de cíclopes. A un lado, una ventanilla dejaba pasar apenas un haz de rayos de sol. A la entrada de la forja, como en un marco oscuro, una muchacha blanca comía uvas. Y sobre aquel fondo de hollín y de carbón, sus hombros delicados y tersos que estaban desnudos, hacían resaltar su bello color de lis, con un casi imperceptible tono dorado.

Ricardo pensaba: "Decididamente, una excursión feliz al país del arte".

V. LA VIRGEN DE LA PALOMA

Anduvo, anduvo.

Volvió ya a su morada. Dirigíase al ascensor cuando oyó una risa infantil, armónica, y él, poeta incorregible, buscó los labios de donde brotaba aquella risa.

Bajo un cortinaje de madreselvas, entre plantas olorosas y maceteros floridos, estaba una mujer pálida, augusta, madre, con un niño tierno y risueño. Sosteníale en uno de sus brazos, el otro lo tenía en alto, y en la mano una paloma, una de esas palomas albísimas que arrullan a sus pichones de alas tornasoladas, inflando el buche como un seno de virgen, y abriendo el pico de donde brota la dulce música de su caricia.

La madre mostraba al niño la paloma, y el niño en su afán de cogerla, abría los ojos, estiraba los bracitos, reía gozoso; y su rostro al sol tenía como un nimbo; y la madre con la tierna beatitud de sus miradas, con su esbeltez solemne y gentil, con la aurora en las pupilas y la bendición y el beso en los labios, era como una azucena sagrada, como una María llena de gracia, irradiando la luz de un calor inefable. El niño Jesús, real como un Dios infante, precioso como un querubín paradisíaco, quería asir aquella paloma blanca, bajo la cúpula inmensa del cielo azul.

Ricardo descendió, y tomó el camino de su casa.

VI. LA CABEZA

Por la noche, sonando aún en sus oídos la música del Odeón, y los parlamentos de Astol; de vuelta de las calles donde escuchara el ruido de los coches y la triste melopea de los tortilleros, aquel soñador se encontraba en su mesa de trabajo, don— de las cuartillas inmaculadas estaban esperando las silvas y los sonetos de costumbre, a las mujeres de los ojos ardientes.

¡Uf!...

¡Qué silvas! ¡Qué sonetos! La cabeza del poeta lírico era una orgía de colores y de sonidos. Resonaban en las concavidades de aquel cerebro martilleos de cíclopes, himnos al son de tímpanos sonoros, fanfarrias bárbaras, risas cristalinas, gorjeos de pájaros, batir de alas y estallar de besos, todo como en ritmos locos y revueltos. Y los colores agrupados, estaban como pétalos de capullos distintos confundidos en una bandeja, o como la endiablada mezcla de tintas que llena la paleta de un pintor...

Además...

ÁLBUM SANTIAGUÉS

I. ACUARELA

Primavera. Ya las azucenas floridas y llenas de miel han abierto sus cálices pálidos bajo el sol. Ya los gorriones tornasolados, esos amantes acariciadores, adulan a las rosas frescas, esas opulentas y purpuradas emperatrices; ya el jazmín, flor sencilla, tachona los tupidos ramajes, como una blanca estrella sobre un cielo verde. Ya las damas elegantes visten sus trajes claros, dando al olvido las pieles y los abrigos invernales. Y mientras el sol se pone, sonrosando las nieves con una claridad suave, junto a los árboles de la Alameda que lucen sus cumbres resplandecientes en un polvo de luz, su esbeltez solemne y sus hojas nuevas, bulle un enjambre humano, a ruido de música, de cuchicheos vagos y de palabras fugaces.

He aquí el cuadro. En primer término está la negrura de los coches que esplende y quiebra los últimos reflejos solares; los caballos orgullosos con el brillo de sus arneses, con sus cuellos estirados e inmóviles de brutos heráldicos; los cocheros taciturnos, en su quietud de indiferentes, luciendo sobre las largas libreas los botones metálicos flamantes; y en el fondo de los carruajes, reclinadas como odaliscas, erguidas como reinas, las mujeres rubias de los ojos soñadores, las que tienen cabelleras negras y rostros pálidos, las rosadas adolescentes que ríen con alegría de pájaro primaveral; bellezas lánguidas, hermosuras audaces, castos lirios albos y tentaciones ardientes.

En esa portezuela está un rostro apareciendo de modo que semeja el de un querubín; por aquella ha salido una mano enguantada que se dijera de niño, y es de morena tal que llama los corazones; más allá, se alcanza a ver un pie de Cenicienta con zapatito oscuro y media fila, y acullá, gentil con sus gestos de diosa, bella con su color de marfil amapolado, su cuello real y la corona de su cabellera, está la Venus de Milo, no manca, sino con dos brazos, gruesos como los mus— los de un querubín de Murillo, y vestida a la última moda de París, con ricas telas de Pra.

Más allá está el oleaje de los que van y vienen; parejas de enamorados, hermanos y hermanas, grupos de caballeritos irreprochables; todo en la confusión de rostros, de las miradas, de los colorines, de los vestidos, de las capotas; resaltando a veces en el fondo negro y aceitoso de los elegantes Dumas, una cara blanca de mujer, un sombrero de paja adornado de colibríes, de cintas o de plumas, o el inflado globo rojo, de goma, que, pendiente de un hilo, lleva un niño risueño, de medias azules, zapatos charolados y holgado cuello a la marinera.

En el fondo, los palacios elevan al azul la soberbia de sus fachadas, en las que los álamos erguidos rayan columnas hojosas entre el abejeo trémulo y desfalleciente de la tarde fugitiva.

II. UN RETRATO DE WATTEAU

Estáis en los misterios de un tocador. Estáis viendo ese brazo de ninfa, esas manos diminutas que empolvan el haz de rizos rubios de la cabellera espléndida. La araña de luces opaca derrama la languidez de su girándula por todo el recinto. Y he aquí que, al volverse ese rostro, soñamos con los buenos tiempos pasados. Una marquesa contemporánea de madama de Maintenon, solitaria en su gabinete, da las últimas manos a su tocado.

Todo está correcto; los cabellos, que tienen todo el Oriente en sus hebras, empolvados y crespos; el cuello del corpiño, ancho y en forma de corazón hasta dejar ver el principio del seno firme y pulido; las mangas abiertas que muestran blancuras incitantes; el talle ceñido que se balancea, y el rico faldellín de largos vuelos, y el pie pequeño en el zapato de tacones rojos.

Mirad las pupilas azules y húmedas, la boca de dibujo maravilloso, con una sonrisa enigmática de esfinge, quizá un recuerdo de un amor galante, del madrigal recitado junto al tapiz de figuras pastoriles o mitológicas, o del beso a furto, tras la estatua de algún silvano, en la penumbra.

Vese la dama de pies a cabeza, entre dos grandes espejos; calcula el efecto de la mirada, del andar, de la sonrisa, del vello casi impalpable que agita el viento de la danza en su nuca fragrante y sonrosada. Y piensa, y suspira; y flota aquel suspiro en ese aire impregnado de aroma femenino que hay en un tocador de mujer.

Entretanto la contempla con sus ojos de mármol una Diana que se alza irresistible y desnuda sobre su plinto; y le ríe con audacia un sátiro de bronce que sostiene entre los pámpanos de su cabeza un candelabro; y en el ansa de un jarrón de Rouen lleno de agua perfumada, le tiende los brazos y los pechos una sirena con la cola corva y llena de escamas argentinas, mientras en el plafón de forma de óvalo va por el fondo inmenso y azulado, sobre el lomo de un toro robusto y divino, la bella Europa, entre delfines áureos y tritones corpulentos, que sobre el vasto ruido de las ondas hacen vibrar el ronco estrépito de sus resonantes caracoles.

La hermosa está satisfecha; ya pone perlas en la garganta y calza las manos en seda; ya se dirige a la puerta donde el carruaje espera y el tronco piafa. Y hela aquí, vanidosa y gentil, a esta aristocracia santiaguesa que se dirige a un baile de fantasía de manera que el gran Watteau le dedicaría sus pinceles.

III. NATURALEZA MUERTA

He visto ayer por una ventana un tiesto lleno de lilas y de rosas pálidas, sobre un trípode. Por fondo tenía uno de esos cortinajes amarillos y opulentos que hacen pensar en los mantos de los príncipes orientales. Las lilas recién cortadas resaltan con su lindo color apacible, junto a los pétalos esponjados de las rosas té.

Junto al tiesto, en una copa de laca ornada con ibis de oro incrustados, incitaban a la gula manzanas frescas, medio coloradas, con la pelusilla de la fruta nueva y la sabrosa carne hinchada que toca el deseo; peras doradas y apetitosas, que daban indicios de ser todas jugo y como esperando el cuchillo de plata que debía rebanar la pulpa almibarada; y un ramillete de uvas negras, hasta con el polvillo ceniciento de los racimos acabados de arrancar de la viña.

Acerquéme, vílo de cerca todo. Las lilas y las rosas eran de cera y las perlas de mármol pintado, y las uvas de cristal.

¡Naturaleza muerta!

IV. AL CARBÓN

Vibraba el órgano con sus voces trémulas, vibraba acompañando la antífona, llenando la nave con su armonía gloriosa. Los cirios goteando sus lágrimas de cera entre la nube de incienso que inundaba los ámbitos del templo con su aroma sagrado; y allá en el altar el sacerdote, todo resplandeciente de oro, alzaba la custodia cubierta de pedrería, bendiciendo a la muchedumbre arrodillada.

De pronto, volví la vista cerca de mí, al lado de un ángulo de sombra. Había una mujer que oraba. Vestida de negro, envuelta en un manto, su rostro se destacaba severo, sublime, teniendo por fondo la vaga oscuridad de un confesionario. Era una bella faz de ángel, con la plegaria en los ojos y en los labios. Había en su frente una palidez de flor de lis, y en la negrura de su manto resaltaban juntas, pequeñas, las manos blancas y adorables. Las luces se iban extinguiendo, y a cada momento aumentaba lo oscuro del fondo, y entonces por un ofuscamiento, me parecía ver aquella faz iluminarse con una luz blanca y misteriosa, como la que debe de haber en la región de los coros prosternados y de los querubines ardientes; luz alba, polvo de nieve, claridad celeste, onda santa que baña los ramos de lirio de los bienaventurados.

Y aquel pálido rostro de virgen, envuelta ella en el manto y en la noche, en aquel rincón de sombra, habría sido un tema admirable para un estudio al carbón.

V. PAISAJE

Hay allá, en las orillas de la laguna de La Quinta, un sauce melancólico que moja de continuo su cabellera verde en el agua que refleja el cielo y los ramajes, como si tuviese en su fondo un país encantado.

Al viejo sauce llegan aparejados los pájaros y los amantes. Allí es donde escuché una tarde —cuando del sol apenas quedaba en el cielo un tinte violeta que se esfumaba por ondas, y sobre el gran Andes nevado un decreciente color de rosa que era como una tímida caricia de la luz enamorada— un rumor de besos cerca del tronco agobiado y un aleteo de la cumbre.

Estaban los dos, la amada y el amado, en un banco rústico, bajo el toldo del sauce. Al frente, se extendía la laguna tranquila, con su puente enarcado y los árboles temblorosos de la ribera; y más allá se alzaba entre el verdor de las hojas, la fachada del palacio de la Exposición, con sus cóndores de bronce en actitud de volar.

La dama era hermosa; él era un gentil muchacho, que le acariciaba con los dedos y los labios los cabellos negros y las manos gráciles de ninfa.

Y sobre las dos almas ardientes y sobre los dos cuerpos juntos, cuchicheaban en lengua rítmica y alada las dos aves. Y arriba el cielo con su inmensidad y con su fiesta de nubes, plumas de oro, alas de fuego, vellones de púrpura, fondos azules, flordelisados de ópalo, derramaba la magnificencia de su pompa, la soberbia de su grandeza augusta.

Bajo las aguas se agitaban, como en un remolino de sangre viva, los peces veloces de aletas doradas.

Al resplandor crepuscular, todo el paisaje se veía como envuelto en una polvareda de sol tamizado, y eran el alma del cuadro aquellos dos amantes, él moreno, gallardo, vigoroso, con una barba fina y sedosa, de esa que gustan de tocar las mujeres; ella rubia —¡un verso de Goethe!— vestida con un traje gris, lustroso, y en el pecho una rosa fresca, como su boca roja que pedía el beso.

VI. EL IDEAL

Y luego, una torre de marfil, una flor mística, una estrella a quien enamorar... Pasó, la vi como quien viera un alba, huyente, rápida, implacable.

Era una estatua antigua con un alma que se asomaba a los ojos, ojos angelicales, todos ternura, todos cielo azul, todos enigma. Sintió que la besaba con mis miradas y me castigó con la majestad de su belleza, y me vio como una reina y como una paloma. Pero pasó arrebatadora, triunfante, como una visión que deslumbra. Y yo, el pobre pintor de la naturaleza y de Psiquis, hacedor de ritmos y de castillos aéreos, vi el vestido luminoso del hada, la estrella de su diadema, y pensé en la promesa ansiada del amor hermoso. Más de aquel rayo supremo y fatal, sólo quedó en el fondo de mi cerebro un rostro de mujer, un sueño azul...

LA MUERTE DE LA EMPERATRIZ DE LA CHINA

Al duque Job, de México

Delicada y fina como una joya humana, vivía aquella muchachita de carne rosada, en la pequeña casa que tenía un saloncito con los tapices de color azul desfalleciente. Era su estuche.

¿Quién era el dueño de aquel delicioso pájaro alegre, de ojos negros y boca roja? ¿Para quién cantaba su canción divina, cuando la señorita Primavera mostraba en el triunfo del sol su bello rostro riente, abría las flores del campo, y alborotaba la nidada? Susette se llamaba la avecita que había puesto en jaula de seda, peluches y encajes, un soñador artista cazador, que la había cazado una mañana de mayo en que había mucha luz en el aire y muchas rosas abiertas.

Recaredo —¡capricho paternal. Él no tenía la culpa de llamarse Recaredo!— se había casado hacía año y medio. ¿Me amas? Te amo. ¿Y tú? Con todo el alma. ¡Hermoso el día dorado, después de lo del cura! Habían ido luego al campo nuevo; a gozar libres, del gozo del amor. Murmuraban allá en su ventana de hojas verdes, las campanillas y las violetas silvestres que olían cerca del riachuelo, cuando pasaban los dos amantes, el brazo de él en la cintura de ella, el brazo de ella en la cintura de él, los rojos labios en flor dejando escapar los besos. Después, fue la vuelta a la gran ciudad, al nido de perfume de juventud y de calor dichoso.

¿Dije ya que Recaredo era escultor? Pues, si no lo he dicho, sabedlo.

Era escultor. En la pequeña casa tenía su taller, con profusión de mármoles, yesos, bronces y terracotas. A veces, los que pasaban oían a través de las rejas y persianas una voz que cantaba y un martilleo vibrante y metálico. Susette, Recaredo; la boca que emergía el cántico, y el golpe del cincel.

Luego el incesante idilio nupcial. En puntillas, llegar donde él trabajaba, e inundándole de cabellos la nuca, besarle rápidamente. Quieto, quietecito, llegar donde ella duerme en su chaise-longue, los piececitos calzados y con medias negras, uno sobre otro, el libro abierto sobre el regazo, medio dormida; y allí el beso es en los labios, beso que sorbe el aliento y hace que se abran los ojos, inefablemente luminosos. Y a todo esto, las carcajadas del mirlo, un mirlo enjaulado que cuando Susette toca de Chopin, se pone triste y no canta. ¡Las carcajadas del mirlo! No era poca cosa.

—¿Me quieres?

—¿No lo sabes?

—¿Me amas?

—¡Te adoro!

Ya estaba el animalucho echando toda la risa del pico. Se le sacaba de la jaula, revolaba por el saloncito azulado, se detenía en la cabeza de un Apolo de yeso, o en la frámea de un viejo germano de bronce oscuro. Tiiiiirit... rrrrrrtch fiii... ¡Vaya que a veces era malcriado e insolente en su algarabía! Pero era lindo sobre la mano de Susette que le mimaba, le apretaba el pico entre sus dientes hasta hacerlo desesperar, y le decía a veces con una voz severa que temblaba de terneza: Señor Mirlo, ¡es usted un picarón!

Cuando los dos amados estaban juntos se arreglaban uno a otro el cabello. "Canta", decía él. Y ella cantaba, lentamente; y aunque no eran sino pobres muchachos enamorados, se veían hermosos, gloriosos y reales; él la miraba como a una Elsa y ella le miraba como a un Lohengrin. Porque el Amor, ¡oh jóvenes llenos de sangre y de sueños!, pone un azul cristal ante los ojos, y da las alegrías infinitas.

¡Cómo se amaban! Él la contemplaba sobre las estrellas de Dios; su amor recorría toda la escala de la pasión, y era ya contenido, ya tempestuoso en su querer, a veces casi místico. En ocasiones dijérase aquel artista un teósofo, que veía en la amada mujer algo supremo y extrahumano, como la Ayesha de Rider Haggardl; la aspiraba como una flor, le sonreía como a un astro, y se sentía soberbiamente vencedor al estrechar contra su pecho aquella adorable cabeza, que cuando estaba pensativa y quieta, era comparable al perfil hierático de la medalla de una emperatriz bizantina.

Recaredo amaba su arte. Tenía la pasión de la forma; hacía brotar del mármol gallardas diosas desnudas de ojos blancos, serenos y sin pupilas; su taller estaba poblado de un pueblo de estatuas silenciosas, animales de metal, gárgolas terroríficas, grifos de largas colas vegetales, creaciones góticas inspiradas por el ocultismo. Y sobre todo, ¡la gran afición!, japonerías y chinerías. Recaredo era en esto un original. No sé qué habría dado por hablar chino o japonés. Conocía los mejores álbumes; había leído buenos exotistas, adoraba a Loti y a Judith Gautier, y hacía sacrificios para adquirir trabajos legítimos, de Yokohama, de Nagasaki, de Kioto, o de Nankin o Pekín: los cuchillos, las pipas, las máscaras feas y misteriosas como las caras de los sueños hípnicos, los mandarinitos enanos con panzas de cucurbitáceos y ojos circunflejos, los monstruos de grandes bocas de batracios, abiertas y dentadas, y diminutos soldados de Tartaria, con faces foscas.

—¡Oh! —le decía Susette—: aborrezco tu casa de brujo, ese terrible taller, arca extraña que te roba a mis caricias. Él sonreía, dejaba su lugar de labor, su templo de raras chucherías, y corría al pequeño salón azul, a ver y mirar su gracioso dije vivo, y oír cantar al loco mirlo jovial.

Aquella mañana, cuando entró, vio que estaba su dulce Susette, soñolienta y tendida, cerca de un tazón de rosas que sostenía un trípode. ¿Era la Bella del bosque durmiente? Medio dormida, el delicado cuerpo modelado bajo una bata blanca, la cabellera castaña apelotonada sobre uno de los hombros, toda ella exhalando su suave olor femenino, era como una deliciosa figura de los amables cuentos que empiezan: Este era un rey..

La despertó:

—¡Susette, mi bella!

Traía la cara alegre; le brillaban los ojos negros bajo su fez rojo de labor; llevaba una carta en la mano.

—Carta de Robert, Susette. ¡El bribonazo está en la China!

Hong Kong, 18 de enero.

Susette, un tanto amodorrada le había quitado el papel.

¡Conque aquel andariego había llegado tan lejos! Hong Kong, 18 de enero... Era gracioso. Un excelente muchacho el tal Robert, con la manía de viajar. Llegaría al fin del mundo. Robert, un grande amigo. Le veían como de la familia. Había partido hacía dos años para San Francisco de California. ¡Habráse visto loco igual!

Comenzó a leer.

Hong Kong, 18 de enero de 1888.

Mi buen Recaredo:

Vine, y vi. No he vencido aún.

En San Francisco supe vuestro matrimonio y me alegré. Di un salto y caí en la China. He venido como agente de una casa californiana, importadora de sedas, lacas, marfiles y demás chinerías. Junto con esta carta debes recibir un regalo mío que, dada tu afición por las cosas de este país amarillo, te llegará de perlas. Ponme a los pies de Susette, y conserva el obsequio en memoria de tu

ROBERT.

Ni más ni menos. Ambos soltaron la carcajada. El mirlo a su vez hizo estallar la jaula en una explosión de gritos musicales. La caja había llegado, una caja de regular tamaño, llena de marchamos, de números y letras negras que decían y daban a entender que el contenido era muy frágil. Cuando la caja se abrió, apareció el misterio.

Era un fino busto de porcelana, un admirable busto de mujer sonriente, pálido y encantador. En la base tenía tres inscripciones, una de caracteres chinescos, otra en inglés y otra en francés: La emperatriz de la China. ¡La emperatriz de la China! ¿Qué manos de artista asiático habían modelado aquellas formas atrayentes de misterio? Era una cabellera recogida y apretada, una faz enigmática, ojos bajos y extraños, de princesa celeste, sonrisa de esfinge, cuello erguido sobre los hombros columbinos, cubiertos por una onda de seda bordada de dragones; todo dando magia a la porcelana blanca, con tonos de cera, inmaculada y cándida.

¡La emperatriz de la China! Susette pasaba sus dedos de rosa sobre los ojos de aquella graciosa soberana, un tanto inclinados, con sus curvos epicantus bajo los puros y nobles arcos de las cejas. Estaba contenta. Y Recaredo sentía orgullo de poseer su porcelana. Le haría un gabinete especial, para que viviese y reinase sola, como en el Louvre la Venus de Milo, triunfadora, cobijada imperialmente por el plafón de su cuarto azul.

Así lo hizo. En un extremo del taller, formó un gabinete minúsculo, con biombos cubiertos de arrozales y de grullas.

Predominaba la nota amarilla. Toda la gama, oro, fuego, ocre de oriente, hoja de otoño, hasta el pálido que agoniza fundido en la blancura. En el centro, sobre un pedestal dorado y negro, se alzaba sonriendo la exótica imperial. Alrededor de ella había colocado Recaredo todas sus japonerías y curiosidades chinas. La cubría un gran quitasol nipón, pintado de camelias y de anchas rosas sangrientas. Era cosa de risa, cuando el artista soñador, después de dejar la pipa y los pinceles, llegaba frente a la emperatriz, con las manos cruzadas sobre el pecho, a hacer zalemas. Una, dos, diez, veinte veces la visitaba. Era una pasión. En un plato de laca yokoanesa le ponía flores frescas, todos los días. Tenía en momentos, verdaderos arrobos delante del busto asiático que le conmovía en su deleitable e inmóvil majestad. Estudiaba sus menores detalles, el caracol de la oreja, el arco del labio, la nariz pulida, el epicantus del párpado.

¡Un ídolo, la famosa emperatriz! Susette le llamaba de lejos:

—¡Recaredo!

—¡Voy!

Y seguía en la contemplación de su obra de arte. Hasta que Susette llegaba a llevárselo a rastras y a besos.

Un día, las flores del plato de laca desaparecieron como por encanto.

—¿Quién ha quitado las flores? —gritó el artista desde el taller.

—Yo —dijo una voz Vibradora.

Era Susette que entreabría una cortina, toda sonrosada y haciendo relampaguear sus ojos negros.

Allá en lo hondo de su cerebro, se decía el señor Recaredo, artista escultor:

—¿Qué tendrá mi mujercita? —¿Qué tendrá mi mujercita?

No comía casi. Aquellos buenos libros desflorados por la espátula de marfil, estaban en el pequeño estante negro, con sus hojas cerradas, sufriendo la nostalgia de las blandas manos de rosa, y del tibio regazo perfumado. El señor Recaredo la veía triste. ¿Qué tendrá mi mujercita? En la mesa no quería comer. Estaba seria; ¡qué seria! Le miraba a veces con el rabillo del ojo, y el mando veía aquellas pupilas oscuras, húmedas como que querían llorar. Y ella al responder, hablaba como los niños a quienes se ha negado un dulce.

¿Qué tendrá mi mujercita? ¡Nada! Aquel "nada" lo decía ella con voz de queja, y entre sílaba y sílaba había lágrimas.

¡Oh, señor Recaredo!, lo que tiene vuestra mujercita es que sois un hombre abominable. ¿No habéis notado que desde que esa buena de la emperatriz de la China ha llegado a vuestra casa, el saloncito azul se ha entristecido, y el mirlo no canta ni ríe con su risa perlada? Susette despierta a Chopin, y lentamente, lentamente, hace brotar la melodía enferma y melancólica del negro piano sonoro. ¡Tiene celos, señor Recaredo! Tiene el mal de los celos, ahogador y quemante, como una serpiente encendida que aprieta el alma. ¡Celos! Quizás él lo comprendió, porque una tarde dijo a la muchachita de su corazón estas palabras, frente a frente, a través del humo de una taza de café:

—Eres demasiado injusta. ¿Acaso no te amo con toda mi alma?; ¿acaso no sabes leer en mis ojos lo que hay dentro de mi corazón?

Susette rompió a llorar. ¡Que la amaba! No, ya no la amaba. Habían huido las buenas y radiantes horas, y los besos que chasqueaban también eran idos, como pájaros en fuga. Ya no la quería. Y a ella, a la que en él veía su religión, su delicia, su ensueño, su rey, a ella, a su Susette, la había dejado por otra.

¡La otra! Recaredo dio un salto. Estaba engañada. ¿Lo diría por la rubia Eulogia, a quien en un tiempo había dirigido madrigales? Ella movió la cabeza:

—No.

¿Por la ricachona Gabriela, de largos cabellos negros, blanca como un alabastro y cuyo busto había hecho? ¿O por aquella Luisa, la danzarina, que tenía una cintura de avispa, un seno de buena nodriza y unos ojos incendiarios?

¿O por la viudita Andrea, que al reír sacaba la punta de la lengua, roja y felina, entre sus dientes brillantes y amarfilados? No, no era ninguna de esas. Recaredo se quedó con gran asombro.

—Mira, chiquilla, dime la verdad. ¿Quién es ella? Sabes cuánto te adoro. Mi Elsa, mi Julieta, alma, amor mío...

Temblaba tanta verdad de amor en aquellas palabras entrecortadas y trémulas, que Susette, con los ojos enrojecidos, secos ya de las lágrimas, se levantó irguiendo su linda cabeza heráldica.

—¿Me amas?

—¡Bien lo sabes!

—Deja, pues, que me vengue de mi rival. Ella o yo: escoge. Si es cierto que me adoras ¿querrás permitir que la aparte siempre de tu camino, que quede yo sola, confiada en tu pasión?

—Sea —dijo Recaredo.

Y viendo irse a su avecita celosa y terca, prosiguió sorbiendo el café, tan negro como la tinta.

No había tomado tres sorbos, cuando oyó un gran ruido de fracaso, en el recinto de su taller. Fue. ¿Qué miraron sus ojos? El busto había desaparecido del pedestal de negro y oro, y entre minúsculos mandarines caídos y descolgados abanicos, se veían por el suelo pedazos de porcelana que crujían bajo los pequeños zapatos de Susette, quien toda encendida y con el cabello suelto, aguardando los besos, decía entre carcajadas argentinas al maridito asustado:

—¡Estoy vengada! ¡Ha muerto ya para ti la emperatriz de la China!

Y cuando comenzó la ardiente reconciliación de los labios, en el saloncito azul, todo lleno de regocijo, el mirlo, en su jaula primorosa, se moría de risa.

A UNA ESTRELLA

(ROMANZA EN PROSA)

Princesa del divino imperio azul, ¡quién besara tus labios luminosos!

Yo soy el enamorado exótico que, soñando mi sueño de amor, estoy de rodillas, con los ojos fijos en tu inefable claridad, estrella mía, que estás tan lejos! ¡Oh!, ¡cómo ardo en celos, cómo tiembla mi alma cuando pienso que tú, cándida hija de la aurora, puedes fijar tus miradas en el hermoso Príncipe Sol que viene del Oriente, gallardo y bello en su carro de oro, celeste flechero triunfador, de coraza adamantina, que trae a la espalda el carcaj brillante lleno de flechas de fuego!

Pero no, tú me has sonreído bajo tu palio, y tu sonrisa era dulce como la esperanza. ¡Cuántas veces mi espíritu quiso volar hacia ti y quedó desalentado! ¡Está tan lejano tu alcázar! He cantado en mis sonetos y en mis madrigales tu místico florecimiento, tus cabellos de luz, tu alba vestidura. Te he visto como una pálida Beatriz del firmamento, lírica y amorosa en tu sublime resplandor. Princesa del divino imperio azul, ¡quién besara tus labios luminosos!

Recuerdo aquella negra noche, ¡oh genio Desaliento!, en que visitaste mi cuarto de trabajo para darme tortura, para dejarme casi desolado el pobre jardín de mi ilusión, donde me segaste tantos frescos ideales en flor. Tu voz me sonó a hierro y te escuché temblando, porque tu palabra era cortante y fría y caía como un hacha. Me hablaste del camino de la Gloria, donde hay que andar descalzo sobre cambroneras y abrojos; y desnudo, bajo una eterna granizada; y a oscuras, cerca de hondos abismos, llenos de sombra como la muerte.

Me hablaste del vergel Amor, donde es casi imposible cortar una rosa sin morir, porque rara es la flor en que no anida un áspid. Y me dijiste de la terrible y muda esfinge de bronce que está a la entrada de la tumba. Y yo estaba espantado, porque la gloria me había atraído, con su hermosa palma en la mano, y el Amor me llenaba con su embriaguez, y la vida era para mí encantadora y alegre como la ven las flores y los pájaros. Y ya presa de mi desesperanza, esclavo tuyo, oscuro genio Desaliento, hui de mi triste lugar de labor —donde entre una corte de bardos antiguos y de poetas modernos, resplandecía el dios Hugo, en la edición de Hetzel— y busqué el aire libre bajo el cielo de la noche. Entonces fue, adorable y buena princesa, cuando tuviste compasión de aquel pobre poeta, y le miraste con tu mirada inefable y le sonreíste, y de tu sonrisa emergía el divino verso de la esperanza! Estrella mía que estás tan lejos, ¡quién besara tus labios luminosos!

Quería cantarte un poema sideral que tú pudieras oír, quería ser tu amante ruiseñor, y darte mi apasionado ritornelo, mi etérea y rubia soñadora. Y así, desde la tierra donde caminamos sobre el limo, enviarte mi ofrenda de armonía a tu región en que deslumbra la apoteosis y reina sin cesar el prodigio.

Tu diadema asombra a los astros y tu luz hace cantar a los poetas, perla del océano infinito, flor de lis del oriflama inmenso del gran Dios.

Te he Visto una noche aparecer en el horizonte sobre el mar, y el gigantesco viejo, ebrio de sal, te saludó con salvas de sus olas sonantes y roncas. Tú caminabas con un manto tenue y dorado: tus reflejos alegraban las vastas aguas palpitantes.

Otra vez era una selva oscura donde poblaban el aire los grillos monótonos, con las notas chillonas de sus nocturnos y rudos violines. A través de un ramaje, te contemplé en tu deleitable serenidad, y vi sobre los árboles negros, trémulos hilos de luz, como si hubieran caído de la altura, hebras de tu cabellera. Princesa del divino imperio azul, ¡quién besara tus labios luminosos!

Te canta y vuela a ti la alondra matinal en el alba de la primavera, en que el viento lleva vibraciones de liras eólicas, y el eco de los tímpanos de plata que suenan los silfos. Desde tu región derrama las perlas armónicas y cristalinas de su buche, que caen y se juntan a la universal y grandiosa sinfonía que llena la despierta tierra.

¡Y en esa hora pienso en ti, porque es la hora de supremas citas en el profundo cielo y de ocultos y ardorosos oaristis en los tibios parajes del bosque donde florece el cítiso que alegra la égloga! Estrella mía, que estás tan lejos, ¡quién besara tus labios luminosos!

PRIMAVERAL

Mes de rosas. Van mis rimas
en ronda, a la vasta selva,
a recoger miel y aromas
en las flores entreabiertas.
Amada, ven. El gran bosque
en nuestro templo: allí ondea
y flota un santo perfume
de amor. El pájaro vuela
de un árbol a otro y saluda
tu frente rosada y bella
como a un alba; y las encinas
robustas, altas, soberbias,
cuando tú pasas agitan
sus ojos verdes y trémulas,
y enarcan sus ramas como
para que pase una rema.
¡Oh amada mía! Es el dulce
tiempo de la primavera.
Mira: en tus ojos, los míos:
da al viento la cabellera,
y que bañe el sol ese oro
de luz salvaje y espléndida.
Dame que aprieten mis manos
las tuyas de rosa y seda,
y ríe, y muestren tus labios
su púrpura húmeda y fresca.
Yo voy a decirte rimas,
tú vas a escuchar risueña;
si acaso algún ruiseñor
viniese a posarse cerca,
y a contar alguna historia
de ninfas, rosas o estrellas,
tú no oirás notas ni trinos,
sino enamorada y regia,

cucharás mis canciones
fija en mis labios que tiemblan.
¡Oh amada mía! Es el dulce
tiempo de la primavera.

*

Allá hay una clara fuente
que brota de una caverna,
donde se bañan desnudas
las blancas ninfas que juegan.
Ríen al son de la espuma,
hienden la linfa serena;
entre polvo cristalino
esponjan sus cabelleras;
y saben himnos de amores
en hermosa lengua griega,
que en glorioso tiempo
antiguo Pan inventó en las florestas.
Amada, pondré en mis rimas
la palabra más soberbia
de las frases de los versos
de los himnos de esa lengua;
y te diré esa palabra
empapada en miel hiblea...
¡Oh amada mía! en el dulce
tiempo de la primavera.

*

Van en sus grupos vibrantes
revolando las abejas
como un áureo torbellino
que la blanca luz alegra;
y sobre el agua sonora
pasan radiantes, ligeras,

con sus alas cristalinas
las irisadas libélulas.
Oye: canta la cigarra
porque ama el sol, que en la selva
su polvo tamiza,
entre las hojas espesas.
Su aliento nos da en un soplo
fecundo la madre tierra,
con el alma de los cálices
y el aroma de las yerbas.

*

¿Ves aquel nido? Hay un ave.
Son dos: el macho y la hembra.
Ella tiene el buche blanco,
él tiene las plumas negras.
En la garganta el gorjeo,
las alas blandas y trémulas;
y los picos que se chocan
como labios que se besan.
El nido es cántico. El ave
incuba el trino, ¡oh poetas!,
De la lira universal
el ave pulsa una cuerda.
Bendito el calor sagrado
que hizo reventar las yemas,
¡Oh amada mía!, ¡en el dulce
tiempo de la primavera!

*

Mi dulce musa Delicia
me trajo un ánfora griega
cincelada en alabastro,
de vino de Naxos llena;

y una hermosa copa de oro,
la base henchida de perlas,
para que bebiese el vino
que es propicio a los poetas.
En el ánfora está Diana,
real, orgullosa y esbelta,
con su desnudez divina
y en su actitud cinegética.
Y en la copa luminosa
está Venus Citerea
tendida cerca de Adonis
que sus caricias desdeña.
No quiero el vino de Naxos
ni el ánfora de ansas bellas,
ni la copa donde Cipri
al gallardo Adonis ruega.
Quiero beber el amor
sólo en tu boca bermeja,
¡Oh amada mía! ¡En el dulce
tiempo de la primavera!

ESTIVAL

I

La tigre de Bengala,
con su lustrosa piel manchada a trechos
está alegre y gentil, está de gala.
Salta de los repechos
de un ribazo, al tupido
carrizal de un bambú; luego, a la roca
que se yergue a la entrada de su gruta.
Allí lanza un rugido,
se agita como loca
y eriza de placer su piel hirsuta.

*

La fiera virgen ama.
Es el mes del ardor. Parece el suelo
rescoldo; y en el cielo
el sol inmensa llama.
Por el ramaje oscuro
salta huyendo el kanguro.
El boa se infla, duerme, se calienta
a la tórrida lumbre;
el pájaro se sienta
a reposar sobre la verde cumbre.

*

Siéntense vahos de horno;
y la selva indiana
en alas del bochorno,
lanza, bajo el sereno
cielo, un soplo de sí. La tigre ufana
respira, a pulmón lleno,

y al verse hermosa, altiva, soberana,
le late el corazón, se le hincha el seno.
Contempla su gran zarpa, en ella la uña
de marfil; luego toca
el filo de una roca,
y prueba y lo rasguña.
Mírase luego el flanco
que azota con rabo puntiagudo
de color negro y blanco,
y móvil y felpudo;
luego el vientre. En seguida
abre las anchas fauces, altanera
como reina que exige vasallaje;
después husmea, busca, va. La fiera
exhala algo a su manera
de un suspiro salvaje.
Un rugido callado
escuchó. Con presteza
volvió la vista de uno y otro lado.
Y chispeó su ojo verde y dilatado
cuando miró de un tigre la cabeza
surgir sobre la cima de un collado.
El tigre se acercaba.
Era muy bello.
Gigantesca la talla, el pelo fino,
apretado el ijar, robusto el cuello,
era un don Juan felino
en el bosque. Anda a trancos
callados, ve a la tigre inquieta, sola,
y le muestra los blancos
dientes, y luego arbola
con donaire la cola.
Al caminar se vía
su cuerpo ondear, con garbo y bizarría.
Se miraban los músculos hinchados
debajo de la piel. Y se diría

ser aquella alimaña
un rudo gladiador de la montaña.
Los pelos erizados
del labio relamía. Cuando andaba,
con su peso chafaba
la yerba verde y muelle;
y el ruido de su aliento semejaba
el resollar de un fuelle.
Él es, él es el rey. Cetro de oro
no, sino la ancha garra
que se hinca recia en el testuz del toro
y las carnes desgarra.
La negra águila enorme, de pupilas
de fuego y corvo pico relumbrante,
tiene a Aquilón; las hondas y tranquilas
aguas el gran caimán; el elefante
la cañada y la estepa;
la víbora, los juncos por do trepa:
y su caliente nido
del árbol suspendido,
el ave dulce y tierna
que ama la primera luz.
Él, la caverna.

*

No envidia al león la crin, ni al potro rudo
el casco, ni al membrudo
hipopótamo el lomo corpulento,
quien bajo los ramajes del copudo
baobab, ruge al viento.

*

Así va el orgulloso, llega, halaga;
corresponde la tigre que le espera,
y con caricias las caricias paga
en su salvaje ardor, la carnicera.

Después, el misterioso
tacto, las impulsivas
fuerzas que arrastran con poder pasmoso;
y ¡oh gran Pan! el idilio monstruoso
bajo las vastas selvas primitivas.
No el de las musas de las blandas horas,
suaves, expresivas,
en las rientes auroras
y las azules noches pensativas;
sino el que todo enciende, anima, exalta,
polen, savia, calor, nervio, corteza,
y en torrentes de vida brota y salta
del seno de la gran naturaleza.

El príncipe de Gales va de caza
por bosques y por cerros,
con su gran servidumbre y con sus perros
de la más fina raza.

Acallando el tropel de los vasallo
deteniendo traíllas y caballos,
con la mirada inquieta,
contempla a dos tigres, de la gruta
a la entrada. Requiere la escopeta
y avanza y no se inmuta.

*

Las fieras se acarician. No han oído
tropel de cazadores.
a esos terribles seres,
embriagados de amores,
con cadenas de flores
se les hubiera uncido
a la nevada concha de Citeres,
o al carro de Cupido.

El príncipe atrevido
adelanta, se acerca, ya se para;
ya apunta y cierra un ojo; ya dispara;
ya del alma el estruendo
por el espeso bosque ha resonado.
El tigre sale huyendo.
Y la hembra queda, el vientre desgarrado.
¡Oh, va a morir!... Pero antes, débil, yerta,
chorreando sangre por la herida abierta,
con ojo dolorido,
miró a aquel cazador; lanzó un gemido
como un ¡ay! de mujer.. y cayó muerta.

Aquel macho que huyó, bravo y zahareño
a los rayos ardientes
del sol, en su cubil después dormía.
Entonces tuvo un sueño:
que enterraba las garras y los dientes
en vientres sonrosados
y pechos de mujer; y que engullía
por postres delicados
de comidas y de cenas,
—como tigre goloso entre golosos—
unas cuantas docenas
de niños tiernos, rubios y sabrosos.

AUTUMNAL

Eros, vita, lumen

En las pálidas tardes
yerran nubes tranquilas
en el azul; en las ardientes manos
se posan las cabezas pensativas.
¡Ah los suspiros! ¡Ah los dulces sueños!
¡Ah las tristezas íntimas!
¡Ah el polvo de oro que en el aire flota,
tras cuyas ondas trémulas se miran
los ojos tiernos y húmedos,
las bocas inundadas de sonrisas,
las crespas cabelleras
y los dedos de rosa que acarician!

*

En las pálidas tardes
me cuenta un hada amiga
las historias secretas
llenas de poesía;
lo que cantan los pájaros,
lo que llevan las brisas,
lo que vaga la niebla,
lo que sueñan las niñas.

Una vez sentí el ansia
de una sed infinita.
Dije al hada amorosa:
—Quiero en el alma mía
tener la inspiración honda, profunda,
inmensa: luz, calor, aroma, vida.
Ella me dijo: ¡Ven! con el acento
con que hablaría un arpa. En él había
un divino idioma de esperanza.
¡Oh, sed del ideal!

*

Sobre la cima
de un monte, a medianoche,
me mostró las estrellas encendidas.
Era un jardín de oro
con pétalos de llama que titilan.
Exclamé: —¡Más!...

*

La aurora
vino después. La aurora sonreía,
con la luz en la frente,
como la joven tímida
que abre la reja, y la sorprenden luego
ciertas curiosas, mágicas pupilas.
Y dije: —¡Más!... Sonriendo
la celeste hada amiga
prorrumpió: —¡Y bien!... ¡Las flores!

*

Y las flores
estaban frescas, lindas,
empapadas de olor: la rosa virgen,
la blanca margarita,
la azucena gentil, y las volúbilis
que cuelgan de la rama estremecida.
Y dije: —¡Más!...

*

El viento
arrastraba rumores, ecos, risas,
murmullos misteriosos, aleteos,
músicas nunca oídas.
El hada entonces me llevó hasta el velo
que nos cubre las ansias infinitas,
la inspiración profunda, y el alma de las liras.
Y lo rasgó. Y allí todo era aurora.
En el fondo se vía
un bello rostro de mujer.

*

¡Oh, nunca
Piérides, diréis las sacras dichas
que en el alma sintiera!
Con su vaga sonrisa:
¿Más ? —dijo el hada—. Y yo tenía entonces,
clavadas las pupilas
en el azul; y en mis ardientes manos
se posó mi cabeza pensativa...

INVERNAL

Noche. Este viento vagabundo lleva
las alas entumidas,
y heladas. El gran Andes
yergue al inmenso azul su blanca cima.
La nieve cae en copos,
sus rosas trasparentes cristaliza;
en la ciudad, los delicados hombros
y gargantas se abrigan;
ruedan y van los coches,
suenan alegres pianos, el gas brilla;
y, si no hay un fogón que caliente,
el que es pobre tirita.

*

Yo estoy con mis radiantes ilusiones
y mis nostalgias íntimas,
junto a la chimenea
bien harta de tizones que crepitan.
Y me pongo a pensar: ¡oh si estuviese
ella, la de mis ansias infinitas,
la de mis sueños locos,
y mis azules noches pensativas!
¿Cómo? Mirad:

De la apacible estancia
en la extensión tranquila
vertería la lámpara reflejos
de luces opalinas.
Dentro, el amor que abrasa;
fuera, la noche fría;
el golpe de la lluvia en los cristales,
y el vendedor que grita
su monótona y triste melopea
a las glaciales brisas.

Dentro, la ronda de mil delirios,
las canciones de notas cristalinas,
unas manos que toquen mis cabellos,
un aliento que roce mis mejillas,
un perfume de amor, mil conmociones,
mil ardientes caricias;
ella y yo; los dos juntos, los dos solos;
la amada y el amado, ¡oh Poesía!
los besos de sus labios,
la música de mis rimas
y en la negra y cercana chimenea
el tuero brillador que estalla en chispas.

*

¡Oh! ¡bien haya el brasero
lleno de pedrería!
Topacios y carbunclos,
rubíes y amatistas
en la ancha copa etrusca
repleta de ceniza.
Los lechos abrigados,
las almohadas mullidas,
las pieles de Astrakán, los besos cálidos
que dan las bocas húmedas y tibias
¡Oh, viejo Invierno, salve!
puesto que traes con las nieves frígidas
el amor embriagante
y el vino del placer en tu mochila.

*

Sí, estaría a mi lado,
dándome sus sonrisas,
ella, la que hace falta a mis estrofas,
ésa que mi cerebro se imagina;
la que, si estoy en sueños,

se acerca y me visita;
ella, que, hermosa, tiene
una carne ideal, grandes pupilas,
algo de mármol, blanca luz de estrella;
nerviosa, sensitiva,
muestra el cuello gentil y delicado
de las Hebes antiguas,
bellos gestos de diosa,
tersos brazos de ninfa,
lustrosa cabellera
en la nuca encrespada y recogida,
y ojeras que denuncian
ansias profundas y pasiones vivas.
¡Ah, por verla encarnada,
por gozar sus caricias,
por sentir en mis labios
los besos de su amor, diera la vida!
Entre tanto, hace frío.
Yo contemplo las llamas que se agitan,
cantando alegres con sus lenguas de oro,
móviles, caprichosas e intranquilas
en la negra y cercana chimenea
do el tuero brillador estalla en chispas.

*

Luego pienso en el coro
de las alegres liras,
en la copa labrada de vino negro,
la copa hirviente cuyos bordes brillan
con iris temblorosos y cambiantes
como un collar de prismas;
el vino negro que la sangre enciende
y pone el corazón con alegría,
y hace escribir a los poetas locos
sonetos áureos y flamantes silvas.
El Invierno es beodo.

Cuando soplan sus brisas,
brotan las viejas cubas
la sangre de las viñas.
Sí, yo pintara su cabeza cana
con corona de pámpanos guarnida.
El Invierno es galeoto,
porque en las noches frías
Paolo besa a Francesca
en la boca encendida,
mientras su sangre como fuego corre
y el corazón ardiendo le palpita.
¡Oh, crudo Invierno, salve!
puesto que traes con las nieves frígidas
el amor embriagante
y el vino del placer en tu mochila.

*

Ardor adolescente, miradas y caricias;
¡cómo estaría trémula en mis brazos
la dulce amada mía,
dándome con sus ojos luz sagrada,
con su aroma de flor, savia divina!
En la alcoba la lámpara
derramando sus luces opalinas;
oyéndose tan sólo
suspiros, ecos, risas;
el ruido de los besos;
la música triunfante de mis rimas
y en la negra y cercana chimenea
el tuero brillador que estalla en chispas.
Dentro, el amor que abrasa;
fuera, la noche fría.

PENSAMIENTO DE OTOÑO

Huye ya el año a su término
como arroyo que pasa,
llevando del Poniente
luz fugitiva y pálida.
Y así como el del pájaro
que triste el ala,
el vuelo del recuerdo
que al espacio se lanza
languidece en lo inmenso
del azul por do vaga.
Huye el año a su término
como arroyo que pasa.

*

Un algo de alma aún yerra
por los cálices muertos
de las tardas volúbilis
y los rosales trémulos.
Y de luces lejanas,
al hondo firmamento,
en alas del perfumea
ún se remonta un sueño.
Un algo de alma aún yerra
por los cálices muertos.

*

Canción de despedida
fingen las fuentes túrbidas.
Si te place, amor mío,
volvamos a la ruta
que allá en la primavera
ambos, las manos juntas,
seguimos, embriagados
de amor y de ternura

por los gratos senderos
do sus ramas columpian
olientes avenidas
que las flores perfuman.
Canción de despedida
fingen las fuentes túrbidas.

*

Un cántico de amores
brota mi pecho ardiente
que eterno Abril fecundo
de juventud florece.
¡Que mueran en buena hora
los bellos días! Llegue
otra vez el invierno;
renazca áspero y fuerte.
Del viento entre el quejido,
cual mágico himno alegre,
un cántico de amores
brota mi pecho ardiente.

*

Un cántico de amores
a tu sacra beldad,
¡mujer, eterno estío,
primavera inmortal!
Hermana del ígneo astro
que por la inmensidad
en toda estación vierte
fecundo, sin cesar,
de su luz esplendente
el dorado raudal.
Un cántico de amores
a tu sacra beldad,
¡mujer, eterno estío
primavera inmortal!

A UN POETA

Nada más triste que un titán que llora,
Hombre—montaña encadenado a un lirio,
Que gime, fuerte, que pujante, implora:
Víctima propia en su fatal martirio.

Hércules loco que a los pies de Onfalia
la clava deja y el luchar rehúsa,
héroe que calza femenil sandalia,
vate que olvida la vibrante musa.

¡Quien desquijara los robustos leones,
hilando esclavo con la débil rueca;
sin labor, sin empuje, sin acciones
puños de fierro y áspera muñeca!

No es tal poeta para hollar alfombras
por donde triunfan femeniles danzas:
que vibre rayos para herir las sombras,
que escriba versos que parezcan lanzas.

Relampagueando la soberbia estrofa,
su surco deje de esplendente lumbre;
y el pantano de escándalo y de mofa
que no lo vea el águila en su cumbre.

Bravo soldado con su casco de oro
lance el dardo que quema y que desgarra,
que embista rudo como embiste el toro,
que clave firme, como el león, la garra.

Cante valiente y al cantar trabaje,
que ofrezca robles si se juzga monte;
que su idea, en el mal rompa y desgaje
como en la selva virgen el bisonte.

Que lo diga la inspirada boca
suene en el pueblo con la palabra extraña;
ruido de oleaje al azotar la roca,
voz de la caverna y soplo de la montaña.

Deje Sansón de Dálila el regazo:
Dálila engaña y corta los cabellos.
No pierda el fuerte el rayo de su brazo
Por ser esclavo de unos ojos bellos.

ANAGKE

Y dijo la paloma:
—Yo soy feliz. Bajo el inmenso cielo,
en el árbol en flor, junto a la poma
llena de miel, junto al retoño suave
y húmedo por las gotas del rocío,
tengo mi hogar. Y vuelo,
con mis anhelos de ave,
del amado árbol mío
hasta el bosque lejano,
cuando el himno jocundo
del despertar de Oriente,
sale el alba desnuda, y muestra al mundo
el pudor de la luz sobre su frente.
Mi ala es blanca y sedosa;
la luz la dora y baña
y céfiro la peina.
Son mis pies como pétalos de rosa.
Yo soy la dulce reina
que arrulla a su palomo en la montaña.
En el fondo del bosque pintoresco
está el alerce en que formé mi nido;
y tengo allí, bajo el follaje fresco,
un polluelo sin par, recién nacido.
Soy la promesa alada,
el juramento vivo;
soy quien lleva el recuerdo de la amada
para el enamorado pensativo.

Yo soy la mensajera
de los tristes y ardientes soñadores,
que va a revolotear diciendo amores
junto a una perfumada cabellera.
Soy el lirio del viento.
Bajo el azul del hondo firmamento
muestro de mi tesoro bello y rico

las preseas y galas:
el arrullo en el pico
la caricia en las alas.
Yo despierto a los pájaros parleros
y entonan sus melódicos cantares;
me poso en los floridos limoneros
y derramo lluvia de azahares.
Yo soy toda inocente, toda pura.
Yo me esponjo en las ansias del deseo,
y me estremezco en la íntima ternura
de un roce, de un rumor, de un aleteo.
¡Oh inmenso azul! Yo te amo. Porque a Flora
das la lluvia y el sol siempre encendido:
porque, siendo el palacio de la Aurora,
también eres el techo de mi nido.
¡Oh inmenso azul! Yo adoro
tus celajes risueños,
y esa niebla sutil de polvo de oro
donde van los perfumes y los sueños.
Amo los velos tenues, vagarosos,
de las flotantes brumas,
donde tiendo a los aires cariñosos
el sedeño abanico de mis plumas.
¡Soy feliz! Porque es mía la floresta,
donde el misterio de los nidos se halla;
porque el alba es mi fiesta
y el amor mi ejercicio y mi batalla.
¡Feliz porque de dulce ansias llena,
calentar mis polluelos es mi orgullo;
porque en las selvas vírgenes resuena
la música celeste de mi arrullo;
porque no hay una rosa que no me ame,
ni pájaro gentil que no me escuche,
ni garrido cantor que no me llame!...

—¿Sí? —dijo entonces un gavilán infame,
y con furor se la metió en el buche.

Entonces el buen Dios allá en su trono,
(mientras Satán, para distraer su encono
aplaudía a aquel pájaro zahareño),
se puso a meditar. Arrugó el ceño,
y pensó, al recordar sus vastos planes,
y recorrer sus puntos y sus comas,
que cuando creó palomas
no debía haber creado gavilanes.

CAUPOLICÁN

A Henrique Hernández Miyares

Es algo formidable que vio la vieja raza:
robusto tronco de árbol al hombro de un campeón Salvaje
y aguerrido, cuya fornida maza
blandiera el brazo de Hércules, o el brazo de Sansón.

Por casco sus cabellos, su pecho por coraza
pudiera tal guerrero, de Arauco en la región,
lancero de los bosques, Nemrod que todo lo caza,
desjarretar un toro, o estrangular un león.

Anduvo, anduvo, anduvo. Le vio la luz del día,
le vio la tarde pálida, le vio la noche fría,
y siempre el tronco de árbol a cuestas del titán.

"¡El Toqui, el Toqui!", clama la conmovida casta.
Anduvo, anduvo, anduvo. La Aurora dijo: "Basta".
e irguióse la alta frente del gran Caupolicán.

VENUS

En la tranquila noche, mis nostalgias amargas sufría.
En busca de quietud bajé al fresco y callado jardín.
En el oscuro cielo Venus bella temblando lucía,
como incrustado en ébano un dorado y divino jazmín.

A mi alma enamorada, una reina oriental parecía,
que esperaba a su amante, bajo el techo de su camarín;
o que, llevada en hombros, la profunda extensión recorría,
triunfante y luminosa, recostada sobre su palanquín.

"¡Oh reina rubia! —díjele— mi alma quiere dejar su
crisálida,
y volar hacia ti, y tus labios de fuego besar,
y flotar en el nimbo que derrama en tu frente luz pálida,

y en siderales éxtasis no dejarte un momento de amar".
El aire de la noche refrescaba la atmósfera cálida.
Venus, desde el abismo, me miraba con triste mirar.

DE INVIERNO

En invernales horas, mirad a Carolina.
Medio apelotonada, descansa en el sillón,
envuelta con su abrigo de marta cibelina
y no lejos del fuego que brilla en el salón.

El fino angora blanco junto a ella se reclina,
rozando con su hocico la falda de Alencón,
no lejos de las jarras de porcelana china
que medio oculta un biombo de seda del Japón.

Con sutiles filtros la invade un dulce sueño;
entro, sin hacer ruido; dejo mi capa gris;
voy a besar su rostro rosado y halagüeño

como una rosa roja que fuera flor de lis;
Abre los ojos, mírame con su mirar risueño,
Y en tanto cae la nieve del cielo de París.

LECONTE DE LISLE

De las eternas musas el reino soberano
recorres, bajo un soplo de vasta inspiración,
como un rajah soberbio que en su elefante indiano
por sus dominios pasa de rudo viento al son.

Tú tienes en tu canto como ecos del Océano;
se ve en tu poesía la selva y el león;
salvaje luz irradia la lira que en tu mano
derrama su sonora, robusta vibración.

Tú del fakir conoces secretos y avatares;
a tu alma dio el Oriente misterios seculares,
visiones legendarias y espíritu oriental.

Tu verso está nutrido con savia de la tierra;
fulgor de Ramayanas tu viva estrofa encierra,
y cantas en la lengua del bosque colosal.

CATULLE MENDÈS

Puede ajustarse al pecho coraza férrea y dura
puede regir la lanza, la rienda del corcel;
sus músculos de atleta soportan la armadura...
pero él busca en las bocas rosadas, leche y miel.

Artista hijo de Capua, que adora la hermosura,
la carne femenina prefiere su pincel;
y en el recinto oculto de tibia alcoba oscura
agrega mirto y rosas a su triunfal laurel.

Canta de los oaristis el delicioso instante,
los besos y el delirio de la mujer amante;
y en sus palabras tiene perfume, alma, color.

Su ave es la venusina, la tímida paloma.
Vencido hubiera en Grecia, vencido hubiera en Roma,
en todos los combates del arte o del amor.

WALT WHITMAN

En su país de hierro vive el gran viejo,
bello como un patriarca, sereno y santo.
Tiene en la arruga olímpica de su entrecejo
algo que impera y vence con noble encanto.

Su alma del infinito parece espejo;
son sus cansados hombros dignos del manto;
y con arpa labrada de un roble añejo,
como un profeta nuevo canta su canto.

Sacerdote que alienta soplo divino
anuncia, en el futuro, tiempo mejor.
Dice al águila: "¡Vuela!"; "¡Boga!", al marino,

y "¡Trabaja!", al robusto trabajador.
¡Así va ese poeta por su camino,
Con su soberbio rostro de emperador!

J. J. PALMA

Ya de un corintio templo cincela una metopa,
ya de un morisco alcázar el capitel sutil,
ya como Benvenuto, del oro de una copa
forma un joyel artístico, prodigio del buril.

Pinta las dulces Gracias, o la desnuda Europa,
en el pulido borde de un vaso de marfil,
o a Diana, diosa virgen de desceñida ropa,
con aire cinegético, o en grupo pastoril

La musa que al poeta sus cánticos inspira
no lleva la vibrante trompeta de metal,
ni es la bacante loca que canta y que delira,

en el amor fogosa, y en el placer triunfal:
ella al cantor ofrece la septicorde lira,
o, rítmica y sonora, la flauta de cristal.

PARODI

Dio a sus estrofas el cielo azul de Italia,
Le atrajo con su inmenso fulgor el gran París;
ciñeron su cabeza los lauros de la Galia
y fueron sus hermanos los hijos de San Luis.

Las máscaras le dieron las gracias de Tesalia;
cantó el valor, un astro; y la virtud, un lis.
Y luego dio a los vientos su rítmica faunalia,
y el cielo antes rosado tornóse cielo gris.

Los gritos de su carne son gritos de bacante.
las voces de su alma dan vida a la ilusión;
a la esperanza muerta levántala radiante

De su péctide helénica al desusado son
Y en medio de la Francia, magnífico y vibrante,
su espíritu está lleno de aurora y de visión.

SALVADOR DÍAZ MIRÓN

Tu cuarteto es cuadriga de águilas bravas
que aman las tempestades, los Océanos;
las pesadas tizonas, las férreas clavas,
son las armas forjadas para tus manos.

Tu idea tiene cráteres y vierte lavas;
del Arte recorriendo montes y llanos
van tus rudas estrofas jamás esclavas,
como un tropel de búfalos americanos.

Lo que suena en tu lira lejos resuena,
como cuando habla el bóreas, o cuando truena.
¡Hijo del Nuevo Mundo!, la humanidad

oiga, sobre la frente de las naciones,
la hímnica pompa lírica de tus canciones
que saludan triunfantes la Libertad.

TERCE LIBRO: PROSAS PROFANAS

ERA UN AIRE SUAVE...

Era un aire suave, de pausados giros;
el hada Harmonía ritmaba sus vuelos;
e iban frases vagas y tenues suspiros
entre los sollozos de los violoncelos.

Sobre la terraza, junto a los ramajes,
diríase un trémolo de liras eolias
cuando acariciaban los sedosos trajes
sobre el tallo erguidas las blancas magnolias.

La marquesa Eulalia risas y desvíos
daba a un tiempo mismo para dos rivales,
el vizconde rubio de los desafíos
y el abate joven de los madrigales.

Cerca, coronado con hojas de viña,
reía en su máscara Término barbudo,
y, como un efebo que fuese una niña,
mostraba una Diana su mármol desnudo.

Y bajo un boscaje del amor palestra,
sobre rico zócalo al modo de Jonia,
con un candelabro prendido en la diestra
volaba el Mercurio de Juan de Bolonia.

La orquesta perlaba sus mágicas notas,
un coro de sones alados se oía;
galantes pavanas, fugaces gavotas
cantaban los dulces violines de Hungría.

Al oír las quejas de sus caballeros
ríe, ríe, ríe la divina Eulalia,
pues son su tesoro las flechas de Eros,
el cinto de Cipria, la rueca de Onfalia.

¡Ay de quien sus mieles y frases recoja!
¡Ay de quien del canto de su amor se fíe!
Con sus ojos lindos y su boca roja,
la divina Eulalia ríe, ríe, ríe.

Tiene azules ojos, es maligna y bella;
cuando mira vierte viva luz extraña:
se asoma a sus húmedas pupilas de estrella
el alma del rubio cristal de Champaña.

Es noche de fiesta, y el baile de trajes
ostenta su gloria de triunfos mundanos.
La divina Eulalia, vestida de encajes,
una flor destroza con sus tersas manos.

El teclado harmónico de su risa fina
a la alegre música de un pájaro iguala,
con los staccati de una bailarina
y las locas fugas de una colegiala.

¡Amoroso pájaro que trinos exhala
bajo el ala a veces ocultando el pico;
que desdenes rudos lanza bajo el ala,
bajo el ala aleve del leve abanico!

Cuando a medianoche sus notas arranque
y en arpegios áureos gima Filomela,
y el ebúrneo cisne, sobre el quieto estanque
como blanca góndola imprima su estela,

la marquesa alegre llegará al boscaje,
boscaje que cubre la amable glorieta,
donde han de estrecharla los brazos de un paje,
que siendo su paje será su poeta.

Al compás de un canto de artista de Italia
que en la brisa errante la orquesta deslíe,
junto a los rivales la divina Eulalia
la divina Eulalia, ríe, ríe, ríe.

¿Fue acaso en el tiempo del rey Luis de Francia,
sol con corte de astros, en campos de azur?
¿Cuándo los alcázares llenó de fragancia
la regia y pomposa rosa Pompadour?

¿Fue cuando la bella su falda cogía
con dedos de ninfa, bailando el minué,
y de los compases el ritmo seguía
sobre el tacón rojo, lindo y leve el pie?

¿O cuando pastoras de floridos valles
ornaban con cintas sus albos corderos,
y oían, divinas Tirsis de Versalles,
las declaraciones de sus caballeros?

¿Fue en ese buen tiempo de duques pastores,
de amantes princesas y tiernos galanes,
cuando entre sonrisas y perlas y flores
iban las casacas de los chambelanes?
¿Fue acaso en el Norte o en el Mediodía?
Yo el tiempo y el día y el país ignoro,
pero sé que Eulalia ríe todavía,
¡y es cruel y eterna su risa de oro!

DIVAGACIÓN

¿Vienes? Me llega aquí, pues que suspiras,
un soplo de las mágicas fragancias
que hicieran los delirios de las liras
en las Grecias, las Romas y las Francias.

¡Suspira así! Revuelan las abejas;
al olor de la olímpica ambrosía,
en los perfumes que en el aire dejas;
y el dios de piedra se despierte y ría,

y el dios de piedra se despierte y cante
la gloria de los tirsos florecientes
en el gesto ritual de la bacante
de rojos labios y nevados dientes;

en el gesto ritual que en las hermosas
ninfalias guía a la divina hoguera,
hoguera que hace llamear las rosas
en las manchadas pieles de pantera.

Y pues amas reír, ríe, y la brisa
lleve el son de los líricos cristales
de tu reír, y haga temblar la risa
la barba de los Términos joviales.

Mira hacia el lado del bosque, mira
blanquear el muslo de marfil de Diana,
y después de la Virgen, la Hetaira
diosa, su blanca, rosa, y rubia hermana

pasa en busca de Adonis; sus aromas
deleitan a las rosas y los nardos;
síguela una pareja de palomas
y hay tras ella una fuga de leopardos.

¿Te gusta amar en griego? Yo las fiestas
galantes busco, en donde se recuerde
al suave son de rítmicas orquestas
la tierra de luz y el mirto verde.

(Los abates refieren aventuras
a las rubias marquesas. Soñolientos
filósofos defienden las ternuras
del amor, con sutiles argumentos,

mientras que surge de la verde grama,
en la mano el acanto de Corinto,
una ninfa a quien puso un epigrama
Beaumarchais, sobre el mármol de su plinto.

Amo más que la Grecia de los griegos
la Grecia de la Francia, porque Francia
al eco de las Risas y los Juegos,
su más dulce licor Venus escancia.

Demuestran más encantos y perfidias
coronadas de flores y desnudas,
las diosas de Clodión que las de Fidias.
Unas cantan francés, otras son mudas.

Verlaine es más que Sócrates; y Arsenio
Houssaye supera al viejo Anacreonte.
En París reinan el Amor y el Genio:
ha perdido su imperio el dios bifronte.

Monsieur Prudhomme y Hommais no saben nada.
Hay Chipres, Pafos, Tempes y Amatuntes,
donde al amor de mi madrina, un hada,
tus frescos labios a los míos juntes.)

Sones de bandolín. El rojo vino
conduce un paje rojo. ¿Amas los sones
del bandolín, y un amor florentino?
Será la reina en los decamerones.

(Un coro de poetas y pintores
cuenta historias picantes. Con maligna
sonrisa alegre aprueban los señores.
Clelia enrojece. Una dueña se signa.)

¿O un amor alemán? -que no han sentido
jamás los alemanes-: la celeste
Gretchen; claro de luna; el aria; el nido
del ruiseñor; y en una roca agreste,

la luz de nieve que del cielo llega
y baña a una hermosura que suspira
la queja vaga que a la noche entrega
Loreley en la lengua de la lira.

Y sobre el agua azul el caballero
Lohengrín; y su cisne, cual si fuese
un cincelado témpano viajero,
con su cuello enarcado en forma de S.

Y del divino Enrique Heine un canto,
a la orilla del Rhin; y del divino
Wolfgang la larga cabellera, el manto,
y de la uva teutona el blanco vino.

O amor lleno de sol, amor de España,
amor lleno de púrpura y oros;
amor que da el clavel, la flor extraña
regada con la sangre de los toros;

flor gitana, flor que amor recela,
amor de sangre y luz, pasiones locas;
flor que trasciende a clavo y canela,
roja cual las heridas y las bocas.

¿Los amores exóticos acaso…?
Como rosa de Oriente me fascinas:
me deleitan la seda, el oro, el raso.
Gautier adoraba a las princesas Chinas.

¡Oh bello amor de mil genuflexiones;
torres de kaolín, pies imposibles,
tazas de té, tortugas y dragones,
y verdes arrozales apacibles!

Ámame en Chino, en el sonoro chino
de Li-Tai-Pe. Yo igualaré a los sabios
poetas que interpretan el destino;
madrigalizaré junto a tus labios.

Diré que eres más bella que la luna;
que el tesoro del cielo es menos rico
que el tesoro que vela la importuna
caricia de marfil de tu abanico.

Ámame, japonesa, japonesa
antigua, que no sepa de naciones
occidentales: tal una princesa
con las pupilas llenas de visiones,

que aún ignorase en la sagrada Kioto,
en su labrado camarín de plata
ornado al par de crisantemo y loto,
la civilización de Yamagata.

O con amor hindú que alza sus llamas
en la visión suprema de los mitos,
y hace temblar en misteriosas bramas
la iniciación de los sagrados ritos,

en tanto mueven tigres y panteras
sus hierros, y en los fuertes elefantes
sueñan con ideales bayaderas
los rajahs constelados de brillantes.

O negra, negra como la que canta
en su Jerusalem el rey hermoso,
negra que haga brotar bajo su planta
la rosa y la cicuta del reposo...

Amor, en fin, que todo diga y cante,
amor que encante y deje sorprendida
a la serpiente de ojos de diamante
que está enroscada al árbol de la vida.

Ámame así, fatal, cosmopolita,
universal, inmensa, única, sola
y todas; misteriosa y erudita:
ámame mar y nube, espuma y ola.

Sé mi reina de Saba, mi tesoro;
descansa en mis palacios solitarios.
Duerme. Yo encenderé los incensarios.
Y junto a mi unicornio cuerno de oro,
tendrán rosas y miel tus dromedarios.

SONATINA

La princesa está triste... ¿Qué tendrá la princesa?
Los suspiros se escapan de su boca de fresa,
que ha perdido la risa, que ha perdido el color.
La princesa está pálida en su silla de oro,
está mudo el teclado de su clave sonoro;
y en un vaso olvidada se desmaya una flor.

El jardín puebla el triunfo de los pavos-reales.
Parlanchina, la dueña dice cosas banales,
y, vestido de rojo, piruetea el bufón.
La princesa no ríe, la princesa no siente;
la princesa persigue por el cielo de Oriente
la libélula vaga de una vaga ilusión.

¿Piensa acaso en el príncipe de Golconda o de China,
o en el que ha detenido su carroza argentina
para ver de sus ojos la dulzura de luz?
¿O en el rey de las Islas de las Rosas fragantes,
o en el que es soberano de los claros diamantes,
o en el dueño orgulloso de las perlas de Ormuz?

¡Ay! La pobre princesa de la boca de rosa
quiere ser golondrina, quiere ser mariposa,
tener alas ligeras, bajo el cielo volar,
ir al sol por la escala luminosa de un rayo,
saludar a los lirios con los versos de mayo,
o perderse en el viento sobre el trueno del mar.

Ya no quiere el palacio, ni la rueca de plata,
ni el halcón encantado, ni el bufón escarlata,
ni los cisnes unánimes en el lago de azur.
Y están tristes las flores por la flor de la corte;
los jazmines de Oriente, los nelumbos del Norte,
de Occidente las dalias y las rosas del Sur.

¡Pobrecita princesa de los ojos azules!
Está presa en sus oros, está presa en sus tules,
en la jaula de mármol del palacio real,
el palacio soberbio que vigilan los guardas,
que custodian cien negros con sus cien alabardas,
un lebrel que no duerme y un dragón colosal.

¡Oh quién fuera hipsipila que dejó la crisálida!
(La princesa está triste. La princesa está pálida).
¡Oh visión adorada de oro, rosa y marfil!
¡Quién volara a la tierra donde un príncipe existe
(La princesa está pálida. La princesa está triste)
más brillante que el alba, más hermoso que abril!

—¡Calla, calla, princesa —dice el hada madrina-,
en caballo con alas, hacia acá se encamina,
en el cinto la espada y en la mano el azor,
el feliz caballero que te adora sin verte,
y que llega de lejos, vencedor de la Muerte,
a encenderte los labios con su beso de amor!

BLASÓN

El olímpico cisne de nieve
con el ágata rosa del pico
lustra el ala eucarística y breve
que abre al sol como un casto abanico.

En la forma de un brazo de lira
y del asa de un ánfora griega
en su cándido cuello que inspira
como prora ideal que navega.

Es el cisne, de estirpe sagrada,
cuyo beso, por campos de seda,
ascendió hasta la cima rosada
de las dulces colinas de Leda.

Blanco rey de la fuente Castalia,
su victoria ilumina el Danubio;
Vinci fue su barón en Italia;
Lohengrín es su príncipe rubio.

Su blancura es hermana del lino,
del botón de los blancos rosales
y del albo toisón diamantino
de los tiernos corderos pascuales.

Rimador de ideal florilegio,
es de armiño su lírico manto,
y es el mágico pájaro regio
que al morir rima el alma en su canto.

El alado aristócrata muestra
lises albos en campo de azur,
y ha sentido en sus plumas la diestra
de la amable y gentil Pompadour.

Boga y boga en el lago sonoro
donde el sueño a los tristes espera,
donde aguarda una góndola de oro
a la novia de Luis de Baviera.

Dad, Condesa, a los cisnes cariño,
dioses son de un país halagüeño
y hechos son de perfume, de armiño,
de luz alba, de seda y de sueño.

DEL CAMPO

Pradera, feliz día! Del regio Buenos Aires
quedaron allá lejos el fuego y el hervor;
hoy en tu verde triunfo tendrán mis sueños vida,
respiraré tu aliento, me bañaré en tu sol.

Muy buenos días, huerto. Saludo la frescura
que brota de las ramas de tu durazno en flor;
formada de rosales tu calle de Florida
mira pasar la Gloria, la Banca y el Sport.

Un pájaro poeta, rumia en su buche versos;
chismoso y petulante, charlando va un gorrión;
las plantas trepadoras conversan de política;
las rosas y los lirios, del arte y del amor.

Rigiendo su cuadriga de mágicas libélulas,
de sueños millonario, pasa el travieso Puck;
y, espléndida Sportwoman, en su celeste carro,
la emperatriz Titania seguida de Oberón.

De noche, cuando muestra su medio anillo de oro,
bajo el azul tranquilo, la amada de Pierrot,
es una fiesta pálida la que en el huerto reina,
toca en la lira el aire su do-re-mi-fa-sol.

Curiosas las violetas a su balcón se asoman.
Y una suspira: "¡lástima que falte el ruiseñor!".
Los silfos acompasan la danza de las brisas
en un walpurgis vago de aroma y de visión.

De pronto se oye el eco del grito de la pampa,
brilla como una puesta del argentino sol;
y un espectral jinete, como una sombra cruza,
sobre su espalda un poncho; sobre su faz, dolor.

—"¿Quién eres, solitario viajero de la noche?"
—"Yo soy la Poesía que un tiempo aquí reinó:
¡Yo soy el postrer gaucho que parte para siempre,
de nuestra vieja patria llevando el corazón!"

ALABA LOS OJOS NEGROS DE JULIA

¿Eva era rubia? No. Con negros ojos
vio la manzana del jardín: con labios
rojos probó su miel; con labios rojos
que saben hoy más ciencia que los sabios.

Venus tuvo el azur en sus pupilas
pero su hijo no. Negros y fieros
encienden a las tórtolas tranquilas
los dos ojos de Eros.

Los ojos de las reinas fabulosas,
de las reinas magníficas y fuertes,
tenían las pupilas tenebrosas
que daban los amores y las muertes.

Pentesilea, reina de amazonas,
Judith, espada y fuerza de Betulia,
Cleopatra, encantadora de coronas,
la luz tuvieron de tus ojos, Julia.

Luz negra, que es más luz que la luz blanca
del sol, y las azules de los cielos.
Luz que el más rojo resplandor arranca
al diamante terrible de los celos.

Luz negra, luz divina, luz que alegra
la luz meridional, luz de las niñas
de las grandes ojeras, ¡oh luz negra
que hace cantar a Pan bajo las viñas!

CANCIÓN DE CARNAVAL

Musa, la máscara apresta,
ensaya un aire jovial
y goza y ríe en la fiesta
del Carnaval.

Ríe en la danza que gira,
muestra la pierna rosada,
y suene, como una lira,
tu carcajada.

Para volar más ligera
ponte dos hojas de rosa
como hace tu compañera
la mariposa.

Y que en tu boca risueña
que se une al alegre coro
deje la abeja porteña
su miel de oro.

Únete a la mascarada,
y mientras muequea un clown
con la faz pintarrajeada
como Frank Brown;

mientras Arlequín revela
que al prisma sus tintes roba
y aparece Pulchinela
con su joroba,

di a Colombina la bella
lo que de ella pienso yo,
y descorcha una botella
para Pierrot.

Que él te cuente cómo rima
sus amores con la luna
y te haga un poema en una
pantomima.

Da al aire la serenata,
toca el áureo bandolín,
lleva un látigo de plata
para el spleen.

Sé lírica y sé bizarra;
con la cítara sé griega;
o gaucha, con la guitarra
de Santos Vega.

Mueve tu espléndido torso
por las calles pintorescas
y juega y adorna el corso
con rosas frescas.

De perlas riega un tesoro
de Andrade en el regio nido
y en la hopalanda de Guido
polvo de oro.

Penas y duelos olvida,
canta deleites y amores;
busca la flor de las flores
por Florida:

con la armonía le encantas
de las rimas de cristal,
y deshojas a sus plantas,
un madrigal.

Piruetea, baila, inspira
versos locos y joviales;
celebre la alegre lira
los carnavales.

Sus gritos y sus canciones,
sus comparsas y sus trajes,
sus perlas, tintes y encajes
y pompones.

¡Y lleve la rauda brisa,
sonora, argentina, fresca,
la victoria de tu risa
funambulesca!

PARA UNA CUBANA

Poesía dulce y mística,
busca a la blanca cubana
que se asomó a la ventana
como una visión artística.

Misteriosa y cabalística,
puede dar celos a Diana,
con su faz de porcelana
de una blancura eucarística.

Llena de un prestigio asiático,
roja, en el rostro enigmático,
su boca púrpura finge

y al sonreírse vi en ella
el resplandor de una estrella
que fuese alma de una esfinge.

PARA LA MISMA

Miré al sentarme a la mesa,
bañado en la luz del día
el retrato de María,
la cubana-japonesa.

El aire acaricia y besa
como un amante lo haría,
la orgullosa bizarría
de la cabellera espesa.

Diera un tesoro el Mikado
por sentirse acariciado
por princesa tan gentil,

digna de que un gran pintor
le pinte junto a una flor
en un vaso de marfil.

BOUQUET

Un poeta egregio del país de Francia
que con versos áureos alabó el amor,
formó un ramo armónico, lleno de elegancia,
en su Sinfonía en Blanco Mayor.

Yo por ti formara, Blanca deliciosa,
el regalo lírico de un blanco bouquet,
con la blanca estrella, con la blanca rosa
que en los bellos parques del azul se ve.

Hoy que tú celebras tus bodas de nieve,
(tus bodas de virgen con el sueño son)
todas tus blancuras Primavera llueve
sobre la blancura de tu corazón.

Cirios, cirios blancos, blancos, blancos lirios,
cuello de los cisnes, margaritas en flor,
galas de la espuma, ceras de los cirios
y estrellas celestes tienen tu color.

Yo al enviarte versos de mi vida arranco
la flor que te ofrezco, blanco serafín:
¡Mira cómo mancha tu corpiño blanco
la más roja rosa que hay en mi jardín!

EL FAISÁN

Dijo sus secretos el faisán de oro:
en el gabinete mi blanco tesoro,
de sus claras risas el divino coro.

Las bellas figuras de los gobelinos,
los cristales llenos de aromados vinos,
las rosas francesas en los vasos chinos.

(Las rosas francesas, porque fue allá en Francia
donde en el retiro de la dulce estancia
esas frescas rosas dieron su fragancia.)

La cena esperaba. Quitadas las vendas,
iban mil amores de flechas tremendas
en aquella noche de Carnestolendas.

La careta negra se quitó la niña,
y tras el preludio de una alegre riña
apuró mi boca vino de su viña.

Vino de la viña de la boca loca,
que hace arder el beso, que el mordisco invoca,
¡oh los blancos dientes de la loca boca!

En su boca ardiente yo bebí los vinos,
y, pinzas rosadas, sus dedos divinos,
me dieron las fresas y los langostinos.

Yo la vestimenta de Pierrot tenía,
y aunque me alegraba y aunque me reía,
moraba en mi alma la melancolía.

La carnavalesca noche luminosa
dio a mi triste espíritu la mujer hermosa,
sus ojos de fuego, sus labios de rosa.

Y en el gabinete del café galante
ella se encontraba con su nuevo amante,
peregrino pálido de un país distante.

Llegaban los ecos de vagos cantares;
y se despedían de sus azahares
miles de purezas en los bulevares.

Y cuando el champaña me cantó su canto,
por una ventana vi que un negro manto
de nube, de Febo cubría el encanto.

Y dije a la amada de un día: —¿No viste
de pronto ponerse la noche tan triste?
¿Acaso la Reina de luz ya no existe?

Ella me miraba. Y el faisán cubierto de plumas de oro:
—¡Pierrot! ¡Ten por cierto
que tu fiel amada, que la Luna ha muerto!".

GARÇONNIERE

A. G. Grippa.

Cómo era el instante, dígalo la musa
que las dichas trae, que las penas lleva:
la tristeza pasa, velada y confusa;
la alegría, rosas y azahares nieva.

Era en un amable nido de soltero,
de risas y versos, de placer sonoro;
era un inspirado cada caballero,
de sueños azules y vino de oro.

Un rubio decía frases sentenciosas
negando y amando las musas eternas:
un bruno decía versos como rosas,
de sonantes rimas y palabras tiernas.

Loa tapices rojos, de doradas listas,
cubrían panoplias de pinturas y armas,
que hablaban de bellas pasadas conquistas,
amantes coloquios y dulces alarmas.

El verso de fuego de D'Annunzio era
como un son divino que en las saturnales
guiara las manchadas pieles de pantera,
a fiestas soberbias y amores triunfales.

E iban con manchadas pieles de pantera,
con tirsos de flores y copas paganas
las almas de aquellos jóvenes que viera
Venus en su templo con palmas hermanas.

Venus, la celeste reina que adivina
en las almas vivas alegrías francas
y que les confía, por gracia divina,
sus abejas de oro, sus palomas blancas.

Y aquellos amantes de la eterna Dea,
a la dulce música de la regia rima,
oyen el mensaje de la vasta Idea
por el compañero que recita y mima.

Y sobre sus frentes que acaricia el lauro,
Abril pone amable su beso sonoro,
y llevan gozosos, sátiro y centauro,
la alegría noble del vino de oro.

MÍA

Mía: así te llamas.
¿Qué más harmonía[1]?
Mía: luz del día,
Mía: rosas, llamas.

¡Qué aroma derramas
en el alma mía
si sé que me amas,
¡oh Mía!, ¡oh Mía!

Tu sexo fundiste
con mi sexo fuerte,
fundiendo dos bronces.

Yo triste, tú triste…
¿No has de ser entonces
mía hasta la muerte?

---

[1] Así lo escribió Rubén Darío en el original.

DICE MÍA

—Mi pobre alma pálida
era una crisálida.
Luego mariposa
de color de rosa.

Un céfiro inquieto
dijo mi secreto…
—¿Has sabido tu secreto un día?

¡Oh Mía!
Tu secreto es una
melodía en un rayo de luna…
—¿Una melodía?

HERALDOS

¡Helena!
La anuncia el blancor de un cisne.

¡Makheda!
La anuncia un pavo real.

¡Ifigenia, Electra, Catalina!
Anúncialas un caballero con un hacha.

¡Rut, Lía, Enone!
Anúncialas un paje con un lirio.

¡Yolanda!
Anúnciala una paloma.

¡Clorinda, Carolina!
Anúncialas un paje con un ramo de viña.

¡Sylvia!
Anúnciala una corza blanca.

¡Aurora, Isabel!
Anúncialas de pronto
un resplandor que ciega mis ojos.

¿Ella?
(No la anuncian. No llega aún.)

ITE, MISSA EST

A. Reynaldo de Rafael.

Yo adoro a una sonámbula con alma de Eloísa
virgen como la nieve y honda como la mar;
su espíritu es la hostia de mi amorosa misa
y alzo al son de una dulce lira crepuscular.

Ojos de evocadora, gesto de profetisa,
en ella hay la sagrada frecuencia del altar;
su risa es la sonrisa suave de Monna Lisa,
sus labios son los únicos labios para besar.

Y he de besarla un día con rojo beso ardiente;
apoyada en mi brazo como convaleciente
me mirará asombrada con íntimo pavor;

la enamorada esfinge quedará estupefacta,
apagaré la llama de la vestal intacta
¡y la faunesa antigua me rugirá de amor!

COLOQUIO DE LOS CENTAUROS

A Paul Groussac.

En la isla en que detiene su esquife el argonauta
del inmortal Ensueño, donde la eterna pauta
de las eternas liras se escucha: -Isla de oro
en que el tritón elige su caracol sonoro
y la sirena blanca va a ver el sol -un día
se oye un tropel vibrante de fuerza y de armonía.

Son los centauros. Cubre la llanura. Les siente
la montaña. De lejos, forman son de torrente
que cae; su galope al aire que reposa
despierta, y estremece la hoja del laurel-rosa.

Son los centauros. Unos enormes, rudos; otros
alegres y saltones como jóvenes potros;
unos con largas barbas como los padres-ríos,
otros imberbes, ágiles y de piafantes bríos,
y de robustos músculos, brazos y lomos aptos
para portar las ninfas rosadas en los raptos.

Van en galope rítmico. Junto a un fresco boscaje,
frente al gran Oceano, se paran. El paisaje
recibe de la urna matinal luz sagrada
que el vasto azul suaviza con límpida mirada.
Y se oyen seres terrestres y habitantes marinos
la voz de los crinados cuadrúpedos divinos.

QUIRÓN
Calladas las bocinas a los tritones gratas,
calladas las sirenas de labios escarlatas,
los carrillos de Eolo desinflados, digamos
junto al laurel ilustre de florecidos ramos
la gloria inmarcesible de las Musas hermosas

y el triunfo del terrible misterio de las cosas.
He aquí que renacen los lauros milenarios;
vuelven a dar su lumbre los viejos lapidarios;
y anímase en mi cuerpo de Centauro inmortal
la sangre del celeste caballo paternal.

RETO
Arquero luminoso, desde el zodiaco llegas;
aún presas en las crines tienes abejas griegas;
aún del dardo herakleo muestras la roja herida
por do salir no pudo la esencia de tu vida.
¡Padre y Maestro excelso! Eres la fuente sana
de la verdad que busca la triste raza humana:
aún Esculapio sigue la vena de tu ciencia;
siempre el veloz Aquiles sustenta su existencia
con el manjar salvaje que le ofreciste un día,
y Herakles, descuidando su maza, en la harmonía
de los astros, se eleva bajo el cielo nocturno…

QUIRÓN
La ciencia es flor del tiempo: mi padre fue Saturno.

ABANTES
Himnos a la sagrada Naturaleza; al vientre
de la tierra y al germen que entre las rocas y entre
las carnes de los árboles, y dentro humana forma
es un mismo secreto y es una misma norma,
potente y sutilísimo, universal resumen
de la suprema fuerza, de la virtud del Numen.

QUIRÓN
¡Himnos! Las cosas tienen un ser vital: las cosas
tienen raros aspectos, miradas misteriosas;
toda forma es un gesto, una cifra, un enigma;
en cada átomo existe un incógnito estigma;
cada hoja de cada árbol canta un propio cantar

y hay un alma en cada una de las gotas del mar;
el vate, el sacerdote, suele oír el acento
desconocido; a veces enuncia el vago viento
un misterio; y revela una inicial la espuma
o la flor; y se escuchan palabras de la bruma.
Y el hombre favorito del numen, en la linfa
o la ráfaga, encuentra mentor; —demonio o ninfa.

FOLO
El biforme ixionida comprende de la altura,
por la materna gracia, la lumbre que fulgura,
a nube que se anima de luz y que decora
el pavimento en donde rige su carro Aurora,
y la banda de Iris que tiene siete rayos
cual la lira en sus brazos siete cuerdas; los mayos
en la fragante tierra llenos de ramos bellos,
y Polo coronado de cándidos cabellos.
El ixionida pasa veloz por la montaña
rompiendo con el pecho de la maleza huraña
los erizados brazos, las cárceles hostiles;
escuchan sus orejas los ecos más sutiles:
sus ojos atraviesan las intrincadas hojas
mientras sus manos toman para sus bocas rojas
las frescas bayas altas que el sátiro codicia;
junto a la oculta frente su mirada acaricia
las curvas de las ninfas del séquito de Diana;
pues en su cuerpo corre también la esencia humana
unida a la corriente de la savia divina
y a la salvaje sangre que hay en la bestia equina.
Tal el hijo robusto de Ixión y de la Nube.

QUIRÓN
Sus cuatro patas, bajan; su testa erguida, sube.

ORNEO

Yo comprendo el secreto de la bestia. Malignos
seres hay y benignos. Entre ellos se hacen signos
de bien y mal, de odio o de amor, o de pena
o gozo: el cuervo es malo y la torcaz es buena.

QUIRÓN

Ni es la torcaz benigna, ni es el cuervo protervo:
son formas del Enigma la paloma y el cuervo.

ASTILO

El Enigma es el soplo que hace cantar la lira.

NESO

¡El Enigma es el rostro fatal de Deyanira!
Mi espalda aún guarda el dulce perfume de la Bella;
aún mis pupilas llama su claridad de estrella.
¡Oh aroma de su sexo! ¡Oh rosas y alabastros!
¡Oh envidias de las flores y celos de los astros!

QUIRÓN

Cuando del sacro abuelo la sangre luminosa
con la marina espuma formara nieve y rosa,
hecha de rosa y nieve nació la Anadiomena
Al cielo alzó los brazos la lírica sirena,
los curvos hipocampos sobre las verdes ondas
levaron los hocicos; y caderas redondas,
tritónicas melenas y dorsos de delfines
junto a la Reina nueva se vieron. Los confines
del mar llenó el grandioso clamor; el universo
sintió que un nombre harmónico, sonoro como un verso
llenaba el hondo hueco de la altura; ese nombre
hizo gemir la tierra de amor: fue para el hombre
más alto que el de Jove: y los númenes mismos
lo oyeron asombrados; los lóbregos abismos
tuvieron una gracia de luz. ¡VENUS impera!

Ella es entre las reinas celestes la primera,
pues es quien tiene el fuerte poder de la Hermosura.
¡Vaso de miel y mirra brotó de la amargura!
Ella es la más gallarda de las emperatrices;
princesa de los gérmenes, reina de las matrices,
señora de las savias y de las atracciones,
señora de los besos y de los corazones.

EURITO
¡No olvidaré los ojos radiantes de Hipodamia!

HIPEA
Yo sé de la hembra humana la original infamia.
Venus anima artera sus máquinas fatales,
tras sus radiantes ojos ríen traidores males,
de su floral perfume se exhala sutil daño;
su cráneo obscuro alberga bestialidad y engaño.
Tiene las formas puras del ánfora, y la risa
del agua que la brisa riza y el sol irisa;
mas la ponzoña ingénita su máscara pregona:
mejores son el águila, la yegua y la leona.
De su húmeda impureza brota el calor que enerva
los mismos sacros dones de la imperial Minerva;
y entre sus duros pechos, lirios del Aqueronte,
hay un olor que llena la barca de Caronte.

ODITES
Como una miel celeste hay en su lengua fina;
su piel de flor aún húmeda está de agua marina.
Yo he visto de Hipodamia la faz encantadora,
la cabellera espesa, la pierna vencedora.
Ella de la hembra humana fuera ejemplar augusto;
ante su rostro olímpico no habría rostro adusto;
las Gracias junto a ella quedarían confusas,
y las ligeras Horas y las sublimes Musas
por ella detuvieran sus giros y su canto.

HIPEA
Ella la causa fuera de inenarrable espanto:
por ella el ixionida dobló su cuello fuerte.
La hembra humana es hermana del Dolor y la Muerte.

QUIRÓN
Por suma ley un día llegará el himeneo
que el soñador aguarda: Cinis será Ceneo;
claro será el origen del femenino arcano:
la Esfinge tal secreto dirá a su soberano.

CLITO
Naturaleza tiende sus brazos y sus pechos
a los humanos seres; la clave de los hechos
conócela el vidente; Homero con su báculo,
en su gruta Deifobe, la lengua del Oráculo.

CAUMANTES
El monstruo expresa un ansia del corazón del Orbe,
en el Centauro el bruto la vida humana absorbe,
el sátiro es la selva sagrada y la lujuria,
une sexuales ímpetus a la harmoniosa furia.
Pan junta la soberbia de la montaña agreste
al ritmo de la inmensa mecánica celeste;
la boca melodiosa que atrae en Sirenusa
es de la fiera alada y es de la suave musa;
con la bicorne bestia Pasifae se ayunta,
Naturaleza sabia formas diversas junta,
y cuando tiende al hombre la gran Naturaleza,
el monstruo, siendo el símbolo, se viste de belleza.

GRINEO
Yo amo lo inanimado que amó el divino Hesiodo.

QUIRÓN
Grineo, sobre el mundo tiene un ánima todo.

GRINEO
He visto, entonces, raros ojos fijos en mí:
los vivos ojos rojos del alma del rubí;
los ojos luminosos del alma del topacio
y los de la esmeralda que del azul espacio
la maravilla imitan; los ojos de las gemas
de brillos peregrinos y mágicos emblemas.
Amo el granito duro que el arquitecto labra
y el mármol en que duermen la línea y la palabra...

QUIRÓN
A Deucalión y a Pirra, varones y mujeres
las piedras aún intactas dijeron: "¿Qué nos quieres?".

LÍCIDAS
Yo he visto los lémures flotar, en los nocturnos
instantes, cuando escuchan los bosques taciturnos
el loco grito de Atis que su dolor revela
o la maravillosa canción de Filomela.
El galope apresuro, si en el boscaje miro
manes que pasan, y oigo su fúnebre suspiro.
Pues de la Muerte el hondo, desconocido Imperio,
guarda el pavor sagrado de su fatal misterio.

ORNEO
La Muerte es de la Vida la inseparable hermana.

QUIRÓN
La Muerte es la victoria de la progenie humana.

MEDÓN
¡La Muerte! Yo la he visto. No es demacrada y mustia
ni ase corva guadaña, ni tiene faz de angustia.

Es semejante a Diana, casta y virgen como ella;
en su rostro hay la gracia de la núbil doncella
y lleva una guirnalda de rosas siderales.
En su siniestra tiene verdes palmas triunfales,
y en su diestra una copa con agua del olvido.
A sus pies, como un perro, yace un amor dormido.

AMICO
Los mismos dioses buscan la dulce paz que vierte.

QUIRÓN
La pena de los dioses es no alcanzar la Muerte.

EURITO
Si el hombre -Prometeo- pudo robar la vida,
la clave de la muerte serale concedida.

QUIRÓN
La virgen de las vírgenes es inviolable y pura.
Nadie su casto cuerpo tendrá en la alcoba obscura,
ni beberá en sus labios el grito de victoria,
ni arrancará a su fuente las rosas de su gloria.

* * *

Mas he aquí que Apolo se acerca al meridiano.
Sus truenos prolongados repite el Océano;
bajo el dorado cerro del reluciente Apolo
vuelve a inflar sus carrillos y sus odres Eolo.
A lo lejos, un templo de mármol se divisa
entre laureles-rosa que hace cantar la brisa.
Con sus vibrantes notas de Céfiro desgarra
la veste transparente la helénica cigarra,
y por el llano extenso van en tropel sonoro
los Centauros y al paso, tiembla la Isla de Oro.

EL POETA PREGUNTA POR STELLA

Lirio divino, lirio de las Anunciaciones;
lirio, florido príncipe,
hermano perfumado de las estrellas castas,
joya de los abriles.

A ti las blancas dianas de los parques ducales,
los cuellos de los cisnes,
las místicas estrofas de cánticos celestes
y en el sagrado empíreo la mano de las vírgenes.

Lirio, boca de nieve donde sus dulces labios
la primavera imprime,
en tus venas no corre, la sangre de las rosas
pecadoras,
sino el ícor excelso de las flores insignes.

Lirio real y lírico
que naces con la albura de las hostias sublimes
de las cándidas perlas
y del lino sin mácula de las sobrepellices,
¿has visto acaso el vuelo del alma de mi Stella,
la hermana de Ligeia, por quien mi canto a veces es
tan triste?

PÓRTICO

Libre la frente que el casco rehúsa,
casi desnuda en la gloria del día,
alza su tirso de rosas la musa
bajo el gran sol de la eterna Harmonía.

Es Floreal, eres tú, Primavera,
quien la sandalia calzó a su pie breve;
ella, de tristes nostalgias muriera
en el país de los cisnes de nieve.

Griega es su sangre, su abuelo era ciego;
sobre la cumbre del Pindo sonoro
el sagitario del carro de fuego
puso en su lira las cuerdas de oro.

Y bajo el pórtico blanco de Paros,
y en los boscajes de frescos laureles,
Píndaro diole sus ritmos preclaros,
diole Anacreonte sus vinos y mieles.

Toda desnuda, en los claros diamantes
que en la Castalia recaman las linfas,
viéronla tropas de faunos saltantes,
cual la más fresca y gentil de las ninfas.

Y en la fragante, harmoniosa floresta,
puesto a los ecos su oído de musa,
Pan sorprendiola escuchando la orquesta
que él daba al viento con su cornamusa.

Ella resurge después en el Lacio,
siendo del tedio su lengua exterminio;
lleva a sus labios la copa de Horacio,
bebe falerno en su ebúrneo triclinio.

Pájaro errante, ideal golondrina,
vuela de Arabia a un confín solitario,
y ve pasar en su torre argentina
a un rey de Oriente sobre un dromedario;

rey misterioso, magnífico y mago,
dueño opulento de cien Estambules,
y a quien un genio brindara en un lago
góndolas de oro en las aguas azules.

Ese es el rey más hermoso que el día,
que abre a la musa las puertas de Oriente;
ese es el rey del país Fantasía,
que lleva un claro lucero en la frente.

Es en Oriente donde ella se inspira
en las moriscas exóticas zambras;
donde primero contempla y admira
las cinceladas divinas alhambras;

las muelles danzas en las alcatifas
donde la mora sus velos desata,
los pensativos y viejos kalifas
de ojos obscuros y barbas de plata.

Es una bella y alegre mañana
cuando su vuelo la musa confía
a una errabunda y fugaz caravana
que hace del viento su brújula y guía.

Era la errante familia bohemia,
sabia en extraños conjuros y estigmas,
que une en su boca plegaria y blasfemia,

que ama los largos y negros cabellos,
danzas lascivas y finos puñales,

ojos llameantes de vivos destellos,
flores sangrientas de labios carnales.

Y con la gente morena y huraña
que a los caprichos del aire se entrega,
hace su entrada triunfal en España
fresca y riente la rítmica griega.

Mira las cumbres de Sierra Nevada,
las bocas rojas de Málaga, lindas,
y en un pandero su mano rosada
fresca recoge, claveles y guindas.

Canta y resuena su verso de oro,
ve de Sevilla las hembras de llama,
sueña y habita en la Alhambra del moro;
y en sus cabellos perfumes derrama.

Busca del pueblo las penas, las flores,
mantos bordados de alhajas de seda,
y la guitarra que sabe de amores,
cálida y triste querida de Rueda;

(urna amorosa de voz femenina,
caja de música de duelo y placer:
tiene el acento de un alma divina,
talle y caderas como una mujer.)

Va del tablao flamenco a la orilla
y ase en sus palmas los crótalos negros,
mientras derrocha la audaz seguidilla
bruscos acordes y raudos alegros.

Ritma los pasos, modula los sones,
ebria risueña de un vino de luz,
hace que brille los ojos gachones,
negros diamantes del patio andaluz.

Campo y pleno aire refrescan sus alas;
ama los nidos, las cumbres, las cimas;
vuelve del campo vestida de galas,
cuelga a su cuello collares de rimas.

En su tesoro de reina de Saba,
guarda en secreto celestes emblemas;
flechas de fuego en su mágica aljaba,
perlas, rubíes, zafiros y gemas.

Tiene una corte pomposa de majas,
suya es la chula de rostro risueño,
suyas las juergas, las curvas navajas
ebrias de sangre y licor malagueño.

Tiene por templo un alcázar marmóreo,
guárdalo esfinge de rostro egipciaco,
y cual labrada en un bloque hiperbóreo,
Venus enfrente de un triunfo de Baco,

dentro presenta sus formas de nieve,
brinda su amable sonrisa de piedra,
mientras se enlaza en un bajo-relieve
a una dríada ceñida de hiedra,

un joven fauno robusto y violento,
dulce terror de las ninfas incautas,
al son triunfante que lanzan al viento
tímpanos, liras y sistros y flautas.

Ornan los muros mosaicos y frescos,
áureos pedazos de un sol fragmentario,
iris trenzados en mil arabescos,
joyas de un hábil cincel lapidario.

Y de la eterna Belleza en el ara,
ante su sacra y grandiosa escultura,
hay una lámpara en albo carrara,
de una eucarística y casta blancura.

Fuera, el frondoso jardín del poeta
ríe en su fresca y gentil hermosura;
ágata, perla, amatista, violeta,
verdor eclógico y tibia espesura.

Una andaluza despliega su manto
para el poeta de música eximia;
rústicos Títiros cantan su canto;
bulle el hervor de la alegre vendimia.

Ya es un tropel de bacantes modernas
el que despierta las locas lujurias;
ya húmeda y triste de lágrimas tiernas,
da su gemido la gaita de Asturias.

Francas fanfarrias de cobres sonoros,
labios quemantes de humanas sirenas,
ocres y rojos de plazas de toros,
fuegos y chispas de locas verbenas.

Joven homérida, un día su tierra
viole que alzaba soberbio estandarte,
buen capitán de la lírica guerra,
regio cruzado del reino del arte.

Viole con yelmo de acero brillante,
rica armadura sonora a su paso,
firme tizona, broncíneo olifante,
listo y piafante su excelso pegaso.

Y de la brega tornar viole un día
de su victoria en los bravos tropeles,
bajo el gran sol de la eterna Harmonía,
dueño de verdes y nobles laureles.

Fue aborrecido de Zoilo, el verdugo.
Fue por la gloria su estrella encendida.
Y esto pasó en el reinado de Hugo,
emperador de la barba florida.

ELOGIO DE LA SEGUIDILLA

Metro mágico y rico que al alma expresas
llameantes alegrías, penas arcanas,
desde en los suaves labios de las princesas
hasta en las bocas rojas de las gitanas.

Las almas harmoniosas buscan tu encanto,
sonora rosa métrica que ardes y brillas,
y España ve en tu ritmo, siente en tu canto
sus hembras, sus claveles, sus manzanillas.

Vibras al aire alegre como una cinta,
el músico te adula, te ama el poeta;
Rueda en ti sus fogosos paisajes pinta
con la audaz policromía de su paleta.

En ti el hábil orfebre cincela el marco
en que la idea-perla su oriente acusa,
o en su cordaje harmónico formas el arco
con que lanza sus flechas la airada musa.

A tu voz en el baile crujen las faldas,
los piececitos hacen brotar las rosas
e hilan hebras de amores las Esmeraldas
en ruecas invisibles y misteriosas.

La andaluza hechicera, paloma arisca,
por ti irradia, se agita, vibra y se quiebra,
con el lánguido gesto de la odalisca
o las fascinaciones de la culebra.

Pequeña ánfora lírica de vino llena
compuesto por la dulce musa Alegría
con uvas andaluzas, sal macarena,
flor y canela frescas de Andalucía.

Subes, creces y vistes de pompas fieras;
retumbas en el ruido de las metrallas,
ondulas con el ala de las banderas,
sueñas con los clarines de las batallas.

Tienes toda la lira; tienes las manos
que acompasan la danza y las canciones;
tus órganos, tus prosas, tus cantos llanos
y tus llantos que parten los corazones.

Ramillete de dulces trinos verbales,
jabalina de Diana la Cazadora,
ritmo que tiene el filo de cien puñales,
que muerde y acaricia, mata y enflora.

Las Tirsis campesinas de ti están llenas,
y aman, radiosa abeja, tus bordoneos;
así riegas tus chispas las nochebuenas
como adornas la lira de los Orfeos.

Que bajo el sol dorado de Manzanilla
que esta azulada concha del cielo baña,
polífona y triunfante, la seguidilla
es la flor del sonoro Pindo de España.

EL CISNE

Fue una hora divina para el género humano.
El Cisne antes cantaba sólo para morir.
Cuando se oyó el acento del Cisne wagneriano
fue en medio de una aurora, fue para revivir.

Sobre las tempestades del humano oceano
se oye el canto del Cisne; no se cesa de oír,
dominando el martillo del viejo Thor germano
o las trompas que cantan la espada de Argantir.

¡Oh Cisne! ¡Oh sacro pájaro! Si antes la blanca Helena
del huevo azul de Leda brotó de gracia llena,
siendo de la Hermosura la princesa inmortal,

bajo tus alas la nueva Poesía
concibe en una gloria de luz y de harmonía
la Helena eterna y pura que encarna el ideal.

LA PÁGINA BLANCA

Mis ojos miraban en hora de ensueños
la página blanca.

Y vino el desfile de ensueños y sombras.
¡Y fueron mujeres de rostros de estatua,
mujeres de rostros de estatua de mármol,
tan tristes, tan dulces, tan suaves, tan pálidas!

¡Y fueron visones de extraños poemas,
de extraños poemas de besos y lágrimas,
de historias que dejan en crueles instantes
las testas viriles cubiertas de canas!

¡Qué cascos de nieve que pone la suerte!
¡Qué arrugas precoces cincela en la cara!
¡Y cómo se quiere que vayan ligeros
los tardos camellos de la caravana!

Los tardos camellos,
-como las figuras en un panorama-,
cual si fuesen un desierto de hielo,
atraviesan la página blanca.

Este lleva
una carga
de dolores y angustias antiguas,
angustias de pueblos, dolores de razas;
¡dolores y angustias que sufren los Cristos
que vienen al mundo de víctimas trágicas!

Otro lleva
en la espalda
el cofre de ensueños, de perlas y oro,
que conduce la Reina de Saba.

Otro lleva
una caja
en que va, dolorosa difunta,
como un muerto lirio la pobre Esperanza.

Y camina sobre un dromedario
la Pálida,
la vestida de ropas obscuras,
la Reina invencible, la bella inviolada:
la Muerte.

¡Y el hombre,
a quien duras visiones asaltan,
el que encuentra en los astros del cielo
prodigios que abruman y signos que espantan,
mira al dromedario
de la caravana
como al mensajero que la luz conduce,
en el vago desierto que forma
la página blanca!

AÑO NUEVO

A las doce de la noche por las puertas de la gloria
y al fulgor de perla y oro de una luz extraterrestre,
sale en hombros de cuatro ángeles, y en su silla
gestatoria,
San Silvestre.

Más hermoso que un rey mago, lleva puesta la tiara,
de que son bellos diamantes Sirio, Arturo y Orión;
y el anillo de su diestra, hecho cual si fuese para
Salomón.

Sus pies cubren los joyeles de la Osa adamantina,
y su capa raras piedras de una ilustre Visapur;
y colgada sobre el pecho resplandece la divina
Cruz del Sur.

Va el pontífice hacia Oriente ¿va a encontrar el áureo
barco
donde al brillo de la aurora viene en triunfo el rey
Enero?
Ya la aljaba de Diciembre se fue toda por el arco
del Arquero.

A la orilla del abismo misterioso de lo Eterno
el inmenso Sagitario no se cansa de flechar;
le sustenta el frío Polo, lo corona el blanco Invierno,
y le cubre los riñones el vellón azul del mar.
Cada flecha que dispara, cada flecha es una hora;
doce aljibas, cada año, para él trae el rey Enero;
en la sombra se destaca la figura vencedora
del Arquero.

Alredor de la figura del gigante se oye el vuelo
misterioso y fugitivo de las almas que se van,
y el ruido con que pasa por la bóveda del cielo
con sus alas membranosas el murciélago Satán.
San Silvestre bajo el palio de un zodiaco de virtudes,
del celeste Vaticano se detiene en los umbrales
mientras himnos y motetes canta un coro de laúdes
Inmortales.

Reza el santo y pontifica; y al mirar que viene el barco
donde en triunfo llega Enero,
ante Dios bendice al mundo; y su brazo abarca el arco
y el Arquero.

SINFONÍA EN GRIS MAYOR

El mar como un vasto cristal azogado
refleja la lámina de un cielo de zinc;
lejanas bandadas de pájaros manchan
el fondo bruñido de pálido gris.

El sol como un vidrio redondo y opaco
con paso de enfermo camina al cenit;
el viento marino descansa en la sombra
teniendo de almohada su negro clarín.

Las ondas que mueven su vientre de plomo
debajo del muelle parecen gemir.
Sentado en un cable, fumando su pipa,
está un marinero pensando en las playas
de un vago, lejano, brumoso país.

Es viejo ese lobo. Tostaron su cara
los rayos de fuego del sol del Brasil;
los recios tifones del mar de la China
le han visto bebiendo su frasco de gin.

La espuma impregnada de yodo y salitre
ha tiempo conoce su roja nariz,
sus crespos cabellos, sus bíceps de atleta,
su gorra de lona, su blusa de dril.

En medio del humo que forma el tabaco
ve el viejo el lejano, brumoso país,
adonde una tarde caliente y dorada
tendidas las velas partió el bergantín...

La siesta del trópico. El lobo se aduerme.

Ya todo lo envuelve la gama del gris.
Parece que un suave y enorme esfumino
del curvo horizonte borrara el confín.

La siesta del trópico. La vieja cigarra
ensaya su ronca guitarra senil,
y el grillo preludia un solo monótono
en la única cuerda que está en su violín.

LA DEA

Alberto, en el propíleo del templo soberano
donde Renán rezaba, Verlaine cantado hubiera.
Primavera una rosa de amor tiene en la mano
y cerca de la joven y dulce Primavera.

Término su sonrisa de piedra brinda en vano
a la desnuda náyade y a la ninfa hechicera
que viene a la soberbia fiesta de la pradera
y del boscaje, en busca del lírico Sylvano.

Sobre su altar de oro se levanta la Dea,
-tal en su aspecto icónico la virgen bizantina-
toda la belleza humana ante su luz es fea;

toda visión humana, a su luz es divina:
y esa es la virtud sacra de la divina Idea
cuya alma es una sombra que todo lo ilumina.

EPITALAMIO BÁRBARO

El alba aún no aparece en su gloria de oro.
Canta el mar con la música de sus ninfas en coro
y el aliento del campo se va cuajando en bruma.
Teje la náyade el encaje de su espuma
y el bosque inicia el himno de sus flautas de pluma.

Es el momento en que el salvaje caballero
se ve pasar. La tribu aúlla y el ligero
caballo es un relámpago, veloz como una idea.
A su paso, asustada, se para la marea;
la náyade interrumpe la labor que ejecuta
y el director del bosque detiene la batuta.

—"¿Qué pasa?", desde el lecho pregunta Venus bella.
Y Apolo:
—"Es Sagitario que ha robado una estrella".

RESPONSO

Padre y maestro mágico, liróforo celeste
que al instrumento olímpico y a la siringa agreste
diste tu acento encantador;
¡Panida! ¡Pan tú mismo, que coros condujiste
hacia el propíleo sacro que amaba tu alma triste,
al son del sistro y del tambor!

Que tu sepulcro cubra de flores Primavera,
que se humedezca el áspero hocico de la fiera,
de amor si pasa por allí;
que el fúnebre recinto visite Pan bicorne;
que de sangrientas rosas el fresco Abril te adorne
y de claveles de rubí.

Que si posarse quiere sobre la tumba el cuervo,
ahuyenten la negrura del pájaro protervo,
el dulce canto de cristal
que Filomela vierta sobre tus tristes huesos,
o la harmonía dulce de risas y de besos,
de culto oculto y florestal.

¡Que púberes canéforas te ofrenden el acanto,
que sobre tu sepulcro no se derrame el llanto,
sino rocío, vino, miel:
que el pámpano allí brote, las flores de Citeres,
y que se escuchen vagos suspiros de mujeres
bajo un simbólico laurel!

Que si un pastor su pífano bajo el frescor del haya,
en amorosos días, como en Virgilio, ensaya,
tu nombre ponga en la canción;
y que la virgen náyade, cuando ese nombre escuche,
con ansias y temores entre las linfas luche,
llena de miedo y de pasión.

De noche, en la montaña, en la negra montaña
de las Visiones, pase gigante sombra extraña,
sombra de un Sátiro espectral;
que ella al centauro adusto con su grandeza asuste;
de una extra-humana flauta de melodía ajuste
a la harmonía sideral.

¡Y huya el tropel equino por la montaña vasta;
tu rostro de ultratumba bañe la luna casta
de compasiva y blanca luz;
¡y el Sátiro contemple sobre un lejano monte,
una cruz que se eleve cubriendo el horizonte
y un resplandor sobre la cruz!

CANTO DE LA SANGRE

Sangre de Abel. Clarín de las batallas.
Luchas fraternales; estruendos, horrores;
flotan las banderas, hieren las metrallas,
y visten la púrpura los emperadores.

Sangre del Cristo. El órgano sonoro.
La viña celeste da el celeste vino;
y en el labio sacro del cáliz de oro
las almas se abrevan del vino divino.

Sangre de los martirios. El salterio.
Hogueras; leones, palmas vencedoras;
los heraldos rojos con que del misterio
vienen precedidas las grandes auroras.

Sangre que vierte el cazador. El cuerno.
Furias escarlatas y rojos destinos
forjan en las fraguas del obscuro Infierno
las fatales armas de los asesinos.

¡Oh sangre de las vírgenes! La lira.
Encanto de abejas y de mariposas.
La estrella de Venus desde el cielo mira
el purpúreo triunfo de las reinas rosas.

Sangre que la Ley vierte.
Tambor a la sordina.
Brotan las adelfas que riega la Muerte
y el rojo cometa que anuncia la ruina.

Sangre de los suicidas. Organillo.
Fanfarrias macabras, responsos corales,
con que de Saturno celébrase el brillo
en los manicomios y en los hospitales.

EL REINO INTERIOR

Una selva suntuosa
en el azul celeste su rudo perfil calca.
Un camino. La tierra es de color de rosa,
cual la que pinta fray Domenico Cavalca
en sus Vidas de santos. Se ven extrañas flores
de la flora gloriosa de los cuentos azules,
y entre las ramas encantadas, papemores[2]
cuyo canto extasiara de amor a los bulbules[3].

Mi alma frágil se asoma a la ventana obscura
de la torre terrible en que ha treinta años sueña.
La gentil Primavera primavera le augura.
La vida le sonríe rosada y halagüeña.
Y ella exclama: "¡Oh fragante día! ¡Oh sublime día!
Se diría que el mundo está en flor; se diría
que el corazón sagrado de la tierra se mueve
con un ritmo de dicha; luz brota, gracia llueve.
¡Yo soy la prisionera que sonríe y que canta!".
Y las manos liliales agita, como infanta
real en los balcones del palacio paterno.

¿Qué son se escucha, son lejano, vago y tierno?
Por el lado derecho del camino, adelanta
el paso leve una adorable teoría
virginal. Siete blancas doncellas, semejantes
a siete blancas rosas de gracia y de harmonía
que el alba constelara de perlas y diamantes.
¡Alabastros celestes habitados por astros:
Dios se refleja en esos dulces alabastros!
Sus vestes son tejidas del lino de la luna.
Van descalzas. Se mira que posan el pie breve

---

[2] Papemor: ave rara. Bulbules: ruiseñores.
[3] Bulbules: ruiseñores.

sobre el rosado suelo como una flor de nieve.
Y los cuellos se inclinan, imperiales, en una
manera que lo excelso pregona de su origen.
Como al compás de un verso su suave paso rigen.
Tal el divino Sandro dejara en sus figuras,
esos graciosos gestos en esas líneas puras.
Como a un velado son de liras y laúdes,
divinamente blancas y castas pasan esas
siete bellas princesas. Y esas bellas princesas
son las siete Virtudes.

Al lado izquierdo del camino y paralela-
mente, siete mancebos -oro, seda, escarlata,
armas ricas de Oriente- hermosos, parecidos
a los satanes verlenianos de Ecbatana,
vienen también. Sus labios sensuales y encendidos,
de efebos criminales, son cual rosas sangrientas;
sus puñales de piedras preciosas revestidos
-ojos de víboras de luces fascinantes-
al cinto penden; arden las púrpuras violentas
en los jubones; ciñen las cabezas triunfantes
oro y rosas; sus ojos, ya lánguidos, ya ardientes,
son dos carbunclos mágicos de fulgor sibilino,
y en sus manos de ambiguos príncipes decadentes,
relucen como gemas las uñas de oro fino.
Bellamente infernales,
llenan el aire de hechiceros veneficios
esos siete mancebos. Y son los siete Vicios,
los siete poderosos Pecados capitales.

Y los siete mancebos a las siete doncellas
lanzan vivas miradas de amor. Las Tentaciones
de sus liras melifluas arrancan vagos sones.
Las princesas prosiguen, adorables visiones
en su blancura de palomas y de estrellas.

Unos y otras se pierden por la vía de rosa,
y el alma mía queda pensativa a su paso.
Bulbules: ruiseñores.¡Oh!, ¿qué hay en ti, alma mía?
"¡Oh!, ¿qué hay en ti, mi pobre infanta misteriosa?
¿Acaso piensas en la blanca teoría?
¿Acaso
los brillantes mancebos te atraen, mariposa?"

Ella no responde.
Pensativa se aleja de la obscura ventana,
—pensativa y risueña —,
de la Bella —durmiente del Bosque tierna hermana—
y se adormece en donde
hace treinta años sueña.

Y en sueño dice: "¡Oh dulces delicias de los cielos!
¡Oh tierra sonrosada que acarició mis ojos!
—¡Princesas, envolvedme con vuestros blancos velos!
—¡Príncipes, estrechadme con vuestros brazos rojos!"

COSAS DEL CID

Cuenta Barbey, en versos que valen bien su prosa,
una hazaña del Cid, fresca como una rosa,
pura como una perla. No se oyen en la hazaña
resonar en el viento las trompetas de España,
no el azorado moro las tiendas abandona
al ver al sol el alma de acero de Tizona.
Babieca descansando del huracán guerrero,
tranquilo pace, mientras el bravo caballero
sale a gozar del aire de la estación florida.
Ríe la Primavera, y el vuelo de la vida
abre lirios y sueños en el jardín del mundo.
Rodrigo de Vivar pasa, meditabundo,
por una senda en donde, bajo el sol glorioso,
tendiéndole la mano, le detiene un leproso.

Frente a frente, el soberbio príncipe del estrago
y la victoria, joven, bello como Santiago,
y el horror animado, la viviente carroña
que infecta los suburbios de hedor y de ponzoña.

Y al Cid tiende la mano el siniestro mendigo,
y su escarcela busca y no encuentra Rodrigo.

—¡Oh Cid, una limosna! -dice el precito.
—¡Hermano te ofrezco la desnuda limosna de mi mano!-
dice el Cid; y, quitando su férreo guante, extiende
la diestra al miserable, que llora y que comprende.

Tal es el sucedido que el Condestable escancia
como un vino precioso en su copa de Francia.
Yo agregaré este sorbo de licor castellano:
Cuando su guantelete hubo vuelto a la mano
el Cid, siguió su rumbo por la primaveral
senda. Un pájaro daba su nota de cristal

en un árbol. El cielo profundo desleía
un perfume de gracia en la gloria del día.
Las ermitas lanzaban en el aire sonoro
su melodiosa lluvia de tórtolas de oro;
el alma de las flores iba por los caminos
a unirse a la piadosa voz de los peregrinos,
y el gran Rodrigo Díaz de Vivar, satisfecho,
iba cual si llevase una estrella en el pecho.
Cuando de la campiña, aromada de esencia
sutil, salió una niña vestida de inocencia,
una niña que fuera una mujer, de franca
y angélica pupila, y muy dulce y muy blanca.
Una niña que fuera un hada, o que surgiera
encarnación de la divina Primavera.

Y fue al Cid y le dijo: «Alma de amor y fuego,
por Jimena y por Dios un regalo te entrego,
esta rosa naciente y este fresco laurel».

Y el Cid, sobre su yelmo las frescas hojas siente,
en su guante de hierro hay una flor naciente,
y en lo íntimo del alma como un dulzor de miel.

LAS ÁNFORAS DE EPICURO

Amo tu delicioso alejandrino
como el de Hugo, espíritu de España;
éste vale una copa de champaña
como aquél vale «un vaso de bon vino».

Mas a uno y otro pájaro divino
la primitiva cárcel es extraña;
el barrote maltrata, el grillo daña,
que vuelo y libertad son su destino.

Así procuro que en la luz resalte
tu antiguo verso, cuyas alas doro
y hago brillar con mi moderno esmalte;

tiene la libertad con el decoro
y vuelve, como al puño el gerifalte,
trayendo del azul rimas de oro.

ÍNDICE